KB275761

긍정의 습관

긍정의 습관

긍정의 습관

토마스 레오나드 지음 | 이홍재 옮김

평 단

나를 새롭게 바꾸는 '적극적 사고'

나는 얄팍한 적극적인 사고는 그다지 좋아하지 않는다. 과정이야 어찌됐든 적극적으로 밀어붙이고 보자는 것은 앞뒤가 뒤바뀐 이상한 이론이다. 적극성을 내세워 억지로 일을 밀어붙이지 않더라도 인생에는 다른 할일이 너무 많다.

그러나 살아가면서 직장 일이나 인간관계에서 벽에 부딪혔을 때 누구나 한번쯤은 자신의 삶을 좀더 나은 방향으로 바꾸고 싶다는 생각을 해봤을 것이다. 좀더 좋은 환경에서 멋진 인생을 즐기고, 진심으로 사랑할 수 있는 사람을 사귀고, 내 사업도 하고, 현재 안고 있는 문제들을 곧바로 해결할 수 있으며, 그러면서도 일벌레라는 소리를 듣지 않고 스트레스를 받지 않는 그런 인생을 살기를 바랄 것이다.

그런 소망을 가진 사람들에게 나는 '진짜 적극적인 사고'를 선물하고 싶다. 우리의 삶을 개선할 방법은 분명히 있다. 그 방법이란 비전을 억지로 머릿속에 떠올리는 이미지 트레이닝이나,

피도 눈물도 없는 일벌레가 되는 것, 또는 엄청난 노력을 강요하는 자기 트레이닝이 아니다.

그것이 무엇인지 설명하기 전에 잠깐 내 소개를 하겠다.

나는 공인 '파이낸셜 플래너(financial planner, 금융자산관리사)'였다. 한마디로 남이 돈버는 것을 도와주는 사람이었다.

그러나 대부분의 고객들이 내게 원하는 것은 어떤 주식을 사야 돈을 엄청나게 많이 벌 것이라는 대답이 아니었다. 오히려 좀더 나은 인생, 인간답게 인생을 살려면 어떻게 해야 하느냐는 질문이 더 많았다. 고객들의 그러한 요구에 적절하게 응해야겠다는 책임감이 나의 내부에서 점점 커져갔다.

얼마 전에 〈필라델피아 인콰이어러〉지에서 나를 '퍼스널 코칭의 창시자'라고 소개했다. 제법 그럴듯하게 써주었는데, 실제로 나는 1982년부터 퍼스널 코칭(개인이 자신의 인생을 좀더 풍요롭게 살기 위해 코치를 고용하는 것)을 시작했다. 그때까지 고객들을 위해 가끔씩 해왔던 일을 본격적인 직업으로 삼은 것이다.

그것은 커다란 전진이었다. 돈, 직업, 인간의 내면 등 다양한 분야를 통합하여 고객의 성장과 좀더 균형잡힌 장기적인 성공에 도움을 줄 수 있게 된 것이다. 내가 아는 한 나보다 먼저 이 일을 시작한 사람은 없다.

그로부터 10년 뒤 나는 물질적으로나, 정신적으로나 풍요로운 삶을 살아가려면 어떻게 해야 하는가를 가르치는 '코치대학'을 설립하여 다른 사람들에게 내가 발견한 코칭이라는 세계에서 성공하고 공헌할 수 있는 길을 열었다. 이런 부류의 학교를 처음 세운 개척자였던 셈이다. 현재 미국 내에 최소한 10개 이상의 코치학교가 있지만, 내가 세운 코치대학은 규모에서나 지명도에서, 그리고 교육성과에서 발군이다. 우리 코치대학을 졸업한 사람들이 훌륭한 성공을 거두었고, 그 성과 보고가 매일매일 나에게 전해진다. 그중에는 겨우 3개월 만에 생활보호대상자에서 연간 6만달러의 사업수익을 올리는 대성공을 거둔 사람도 있다. 이 책에서는 그러한 성공 사례들을 소개하고 있으며, 이것은 한 치의 거짓 없는 실화이다.

항상 좋은 일만 생기는 매력의 습관

기회, 돈, 행복한 인간관계, 유용하고도 가치 있는 일 등 만족감을 느끼는 좋은 일들이 날마다 일어나게 하기 위해 생각을 정리해보았다. 그래서 완성된 것이 이 책에서 소개하는 '긍정의 습관'이다. 대담한 발상과 놀랄 만큼 효과적이며 실천가능한 이 습관들은 마치 다이아몬드의 각 면처럼 서로 긴밀하게 연결되어 있다.

이 습관에 따라 변화하면 인생이나 일, 인간관계가 모두 만족스럽고 유익한 것이 된다. 처음에는 관심 있는 부분을 주목하여 즐기면 된다. 서서히 이것을 이해하게 되면 그 부분과 연결된 다른 부분이 보일 것이다. 그 다음에는 어떤 부분을 읽을 것인지 저절로 알게 될 것이다. 그러는 사이 여러분은 차츰 좀더 매력적인 인생을 향해 진화할 것이다. 그리고 하나 둘씩, 좋은 일들이 여러분에게 다가올 것이다.

'긍정의 습관'은 우리가 인간으로서, 혹은 일에서 원하는 수준까지 도달하기 위해 거쳐 가야 할 왕도다. 우리가 성장하는 동안

이 법칙들은 줄곧 우리를 도와주고 인생의 지침서 역할을 할 것이다. 사람은 저마다 각기 다른 존재이기 때문에 그중에는 다른 사람보다 특히 나에게 중요하다고 생각되는 법칙도 있을 것이다. 또한 시간이 지남에 따라 깊은 의미를 갖고 다가오는 법칙도 있을 것이다. 그것은 여러분의 이해가 점차 깊어지기 때문이다. 이 책은 처음부터 마지막까지 차례대로 읽어도 좋고, 마음 내키는 대로 중간부터 읽기 시작해도 괜찮다.

부담없이 시험삼아 이 책을 한번 뒤적거려보기 바란다. 여기에 적힌 내용과 여러분이 현재 가진 자질을 합한다면 기적은 반드시 바로 여러분 옆에서 일어날 것이다. 이 책은 여러분이 인생에서 진정으로 원하는 것을 정확하게 알게 해줄 것이다. 그리고 생각지도 않았던 뜻밖의 멋진 가능성이 열릴 것이다.

이 법칙은 어떤 상황이나, 문제에 상관없이 항상 변함없는 성과를 올렸다. 기존의 자기계발 프로그램들이 상투적으로 제시하던 반복과 암기에서 탈피하자. 정신을 소모시키는 노력은 하지 않아도 된다. 이 법칙은 수고하지 않고 큰 수확을 얻을 수 있고, 인생을 진심으로 즐기며 살 수 있게 도와준다. 이 방법으로 모두 예외 없이 부자가 되었으며 인생의 성공자가 되었다.

기를 쓰고 엄청난 노력을 하지 않아도 자연스럽게 적극적인 사고를 내 것으로 만들 수 있다. 그와 동시에 정신적·물질적으로 충분히 만족하면서 스트레스가 적고 보람 있는 삶을 살 수 있다.

자, 말보다 실천이다. 지금 당장 도전해보자!

Contents 차례 | 긍·정·의·습·관

01

개인주의로 행동하라

행운은 용기 있는 자에게만 찾아온다

타인의 이익을 희생시킨다는 말은 잊어라

참된 의미에서 개인주의인 사람은 타인에게도 다정하게 대한다. 개인주의라는 말을 사전에서 찾아보면 '자기만의 만족이나 이익 등을 추구하고 타인의 이익은 생각하지 않거나 혹은 희생시키는 것'이라고 나온다.

그러나 내 생각은 전혀 다르다. 내가 말하는 개인주의는 '나 자신을 소중히 여기며 산다'는 의미다. 가정이나 직장에서 성공하기 위해서는 개인주의라는 말의 의미를 처음부터 다시 생각해 볼 필요가 있다. 행운은 용기 있는 자에게만 찾아온다. 이것은 아주 작은 사소한 일에도 정확히 들어맞는 진리다. '타인의 이익을 희생시킨다'는 사전적인 정의는 잊어버리자.

'개인주의'를 긍정적인 의미로 받아들여라

과거 집단사회에선 튀는 사람은 이단자였다?

인간이 부족을 이루며 집단생활을 하던 시절에는 먹을 것을 조달하거나 위험을 방어하는 일에 전원이 힘을 합하였다. 혼자서 멋대로 행동하는 사람은 위험분자로 취급되었다.

오랜 옛날부터 최근에 이르기까지 인간은 집단을 이루며 살아왔다. 집단사회에서는 누군가 한 사람이 남과 다른 행동을 하면 이단자로 여겨져 미움을 받았다.

그러나 농경이 시작되고 도시가 발달하자 상황은 변하기 시작했다. 문명이 발달하면서 전문직이 생겨나고 거기에 종사하는 사람들은 수렵이나 농작을 면제받았다. 곧, 개인주의로 살도록 허락받은 것이다.

현대에는 자기자신을 위해서나 인류의 진보와 발전을 위해서 개인주의로 행동해야 한다. 개인주의가 되어 전문적인 일을 하고, 나아가 재능을 개발하는 것이 개인과 사회발전의 원동력이 되는 것이다.

창조적이고 우수한 인간이 되기 위해서는 개인주의가 되어야 한다. 자신이 스스로 변화하기 위해서도 이것은 매우 중요한 일이다. 문제를 극복하고 해결하기 위해서는 순수한 눈으로 문제가 무엇인지 직시해야 한다. 제일 먼저 자신의 마음에서 우러나오는 소리에 귀를 기울이고, 타인의 요구는 그 다음에 생각하라.

이성적이고 책임 있는 개인주의의 자세가 결국은 주위사람들에게도 이익이 된다.

좋은 결과를 얻고 싶다면, 당신의 생각을 확실히 표현하라

내가 원하는 것이나 본심을 확실하게 말로 표현하는 것은 나 자신에게나 주위사람들에게 중요한 일이다. 모든 사람은 타인과의 관계 속에서 무엇인가를 얻으려고 한다.

'나는 이런 인간이다'라고 명확하게 드러낸다면 주위사람들은 안심하고 나를 대할 수 있다. 사람들은 항상 의사가 분명하고 당당한 사람 곁으로 몰려들기 마련이다. 때문에 자신이 무엇을 원하는지 확실하게 말할 줄 아는 사람은 그것만으로도 다른 사람들을 끌어들인다. 더불어 원하는 것을 손에 넣을 확률도 높아진다.

연인이든 가족이든, 친구나 직장동료든 상대를 이해하는 것은 다양한 인간관계의 기본이다. 과연 본심을 말하는가, 아니면 그저 형식적인 말만 하고 다니는가? 어디까지 신뢰할 수 있는가? 어떻게 하면 진의를 파악할 수 있는가? 업무상 삼가는 말이 있는가? 어떤 과제가 수면 밑에 감춰져 있나?

모두가 이런 것들을 알고 싶어하고 나를 만나는 동안 자세한 정보를 얻으려고 한다. 그러므로 자신의 사람됨이나 입장에 대해 상대에게 애매한 인상을 주는 것은 좋지 않다. 마찬가지로, 자신이 다른 사람을 대할 때도 상대방에 대해 이해하려고 노력하자. 알고 싶은 것이 있다면 적극적으로 물어봐야 한다.

분명 나의 솔직한 태도를 이해하지 못하고 멀어져가는 사람도 있을 것이다. 그러나 그런 사람들은 대부분 본인 스스로 변하려

고 하지 않는 우유부단하고 한없이 자신감 없는 사람이며, 만날
수록 시간낭비인 경우가 많다.

내 고객 중에 많은 직원을 거느린 성공한 기업의 사장이 있
었다. 그녀는 한 관리직 남자 직원에 대한 일로 골머리를 앓고
있었다. 오랫동안 성실하게 근무한 사람인데, 요즘 들어 전혀 일
할 의욕이 없는 게 자주 눈에 띈 것이다. 어떻게든 의욕을 되찾
아주려고 노력했지만, 그 사람 때문에 다른 직원들까지 영향을
받아 의욕은 잃어갔다.
　그녀는 개인주의의 태도로 마음을 굳게 먹고 그를 해고하기로
결심했다. 그러나 막상 그를 내보내고 나니 역시 심했다는 생각
에 마음이 괴로웠다. 몇주 뒤에 무언가 도움이 될 일이 없겠느냐
고 연락을 해보았다. 그런데 뜻밖에도 그는 지금 대단히 행복하
다고 했다. 해고될 당시에는 당황하고 의기소침했던 게 사실이
지만 이제는 완전히 회복되어 자기 뜻대로 인생을 즐기고 있다
는 것이었다.
　그녀가 개인주의로 결단을 내리지 않았다면 서로에게 더 힘든
상황이 되었을 것이다. 사장이 개인주의의 판단을 내린 덕분에
서로에게 이익이 되는 결과를 낳은 것이다.

함께 빠지면 죽도 밥도 안된다
개인주의란 결코 다른 사람을 무시한다는 의미가 아니다. 괴로
워하는 사람을 아무렇지도 않게 외면하는 냉정한 인간이 되라는
것이 아니다. 오히려 다른 사람을 구해주겠다고 나섰다가 자신

까지 소진되지 않기 위해 여력을 확보해두는 것이다.

세상에는 다양한 고민거리를 안고 괴로워하는 사람들이 많다. 이런 사람들에게 힘이 되어주려면 내가 먼저 여유가 있어야 한다. 물에 빠진 사람을 구해주려면 구명도구가 필요한 것과 마찬가지다. 함께 빠지면 죽도 밥도 안되는 것이다.

나 자신의 요구가 완전히 충족되었을 때 비로소 남에게 아낌없이 베풀어도 자신이 상처 입을 염려를 하지 않을 만큼 여력이 생긴다. 어느정도까지는 남에게 베풀어도 좋다는 경계선을 정해둔다면 에너지를 모두 써버릴 걱정은 없다.

남의 일에만 신경 쓰는 사람은 멀리하라

항상 남에게 친절을 베푸는 데서 자신의 가치를 확인하거나, 성인군자처럼 자아를 초월하려고 노력하며 사는 사람은 답답해 보인다. 자아를 초월한 척하려고 애쓰려면 상당한 인내심이 필요하고 에너지가 소비된다. 고통받는 이웃에게 최선을 다한다는 사람들은 그 에너지를 어디에서 얻는가? 아니, 질문을 바꿔보자. 진심으로 이웃을 위해 최선을 다하는 사람은 과연 누구인가?

착한 일을 하는 사람은 그 자체에서 기쁨을 느끼고 그걸로 만족한다. 선행을 베푸는 데 만족했다면 그 사람은 참된 의미에서 개인주의라고 할 수 있다. 그러나 남들이 알아볼 수 있게 자선을 베푸는 사람들은 사실 자아를 만족시키는 행동에 지나지 않는다. 이런 사람들과 사귀다가는 그 비용을 결국 우리가 부담하게 된다.

개인주의는 이기주의와는 다르다

개인주의라는 말은 이기주의라든가 타인에 대한 무관심이라는 의미로 받아들여지기도 하지만, 결코 그렇지는 않다. 이기주의란 자기 일 외에는 전혀 관심이 없고 지구가 나를 위해 돌고 있다고 생각하는 것이다. 무관심이란 남의 일 따위는 어찌되든 상관하지 않고 일체 신경도 쓰지 않는다는 뜻이다. 그러나 개인주의는 남을 무시하는 것과는 다르다. 대부분의 사람들은 이 말의 이미지에 거부감을 느끼는데, 먼저 그것부터 극복하자.

샐리라는 여성은 이른바 '착한 사람'의 전형이었다. 그녀는 조용한 성격이었고 남에게 친절하며 다투는 것을 싫어하고 남의 책임까지 자기가 떠안을 때가 많았다. 동료가 화를 내면 자신에게 잘못이 있든 없든 사과부터 했다.

자신의 의견을 주장하지 않는 만큼 샐리의 마음은 굳게 닫혀 있었다. 사람을 사귀는 것이 귀찮아졌고 매일 마주치는 동료 외에는 아무와도 관계를 맺지 않았다. 그러던 어느날, 그녀는 보비 젬마라는 훌륭한 코치를 만났다. 업무에 지칠 대로 지치고 항상 자신이 소모되어간다고 느끼면서도, 샐리는 대기업의 영업부에서 20여년 동안 근무하고 다양한 요직에서 경력을 쌓아왔기 때문에 이제 조금만 더 노력하면 거액의 퇴직금을 받을 수 있었다. 그러나 그녀는 '이대로 직장에 계속 다녀야 하는가? 그렇다면 어떻게 해야 정년 때까지 즐겁게 일할 수 있을까?'라는 고민에 빠졌고 보비에게 상담을 요청했다.

보비의 진단 테스트를 통해 샐리는 그동안 자신이 어떻게 행동해왔고 어떻게 타인들과 관계를 맺어왔는가를 비로소 자각했다. 흐릿하던 눈앞이 갑자기 환해지는 순간이었다. 다른 많은 사람과 마찬가지로 샐리 또한 '여기까지라면 용서할 수 있다'라는 한계를 확실하게 밝히는 것은 옳지 못한 행동이라고 굳게 믿어왔던 것이다.

샐리가 주위사람들을 대하는 태도를 바꾸자 생각지도 못했던 여러 부류의 사람들이 다가왔다. 표면적인 관계가 아니라, 마음의 문을 열면서 인생이 변하는 만남이 되었다. 이런 사람들이 그녀 곁으로 모여든 것은 그녀가 자신의 진정한 모습을 발견하면서 자신감이 생겼고, 그 결과 오랜 세월 잊고 있었던 멋진 유머감각을 되찾았기 때문이었다. 철저하게 개인주의가 되면서 스스로도 믿을 수 없을 만큼 인생의 기쁨을 되찾았다. 그녀가 개인주의의 사람이 되자마자 인생의 즐거움과 기쁨이 저절로 다가온 것이다.

평소 내가 하고 싶었던 목록을 적어보라

개인주의가 되는 것이 내키지 않는다는 사람이 있다면 잠시 '비품 채우기 게임'을 해보자.

그동안 줄곧 하고 싶었지만 아직까지 하지 못한 일을 7가지만 적어보자. 구체적인 형태가 있는 일이든 없는 일이든 상관없다. 목록이 완성되면 먼저 '나는 이것을 하기에 적합한 인간'이라고 되내이고 확신을 가진다. 그 다음 실제로 행동에 옮긴다. 하루에 한가지씩 7일 동안에 다 해치우는 것이다.

유의할 점은 내가 원하는 것, 혹은 필요하다고 생각했던 것을 지금 당장 손에 넣어야 한다는 것이다(물론 무모하게 돈을 쓴다면 도리어 후회만 하겠지만). 하염없이 기회를 기다린 끝에 이것저것 이익과 손해를 따져보다가 결국 아무것도 하지 않고 끝나던 평소의 방식에서 탈출하는 것이다.

일주일 뒤, 스스로의 욕구를 충분히 만족시킨 후 마음속에 충족감과 자신감이 싹터 있음을 발견할 것이다. 이렇게 하면 참된 의미에서 개인주의가 될 수 있다. 곧, 단순한 기분풀이를 하거나 욕구불만을 해소하는 것이 아니라 항상 나 자신이 원하는 현실적인 욕구를 채우는 것이다.

대부분의 스포츠에서는 선수가 시합 중에 일일이 멈춰 서서 다음 동작을 궁리했다가는 기껏 찾아온 승리의 기회를 살리지 못한다. 경기의 흐름이 깨지지 않고 매끄럽게 진행되는 시합을 보면 관전하는 사람들도 기분이 상쾌해진다. 원하는 것을 내 것으로 만들 때도 마찬가지다. 내 마음이 추구하는 자연스러운 자존심을 무리하게 억제하지 말자.

자신의 주체성을 기르는 간단한 트레이닝법은? 아니오!

개인주의로 사고하는 것은 근육과 마찬가지로 트레이닝을 통해 연마할 필요가 있다. 가장 시작하기 쉬운 훈련법은 '아니오'라고 크게 말해보는 것이다.

'아니오'는 실로 아름다운 말이며 강한 힘이 있다. 확실하게 경계선을 세우고 싶을 때는 '아니오'라고 말하는 것이 제일이다 (경계선에 대해서는 나중에 자세하게 설명하겠다).

성악에서 발성연습을 할 때 좀더 힘차고 아름다운 소리를 내기 위해 '아니오'라는 발성을 권하는 사람이 많다. 한번 시험해 보자. 일단 큰소리로 '아니오'라고 말한 다음 두세 박자 쉬었다 가 반복적으로 외쳐보자. 참으로 아름다운 울림이 아닌가. 가능 한 많이 연습해보자.

다음에는 의식적으로든 무의식적으로든 나를 이용하려 하거 나 내 시간을 뺏기만 하는 사람들에게 정확하게 '아니오'라고 말 해주는 장면을 상상해보자. 우리에게도 어린 시절, 무턱대고 '싫 다'고 말했던 시기가 있었다. 그렇게 '싫다'는 말을 함으로써 자 신의 주체성을 확인했던 것이다. 이 방법으로 나 자신을 재인식 할 수 있다. 이 방법은 돈이 드는 것도 아니다. 아니, 오히려 긴 안목으로 보면 돈을 크게 절약하는 일이다. 자, 어린 시절에 당 연하게 했던 일을 다시 해보는 것이다.

참된 개인주의는 행운을 눈덩이처럼 불려준다, Really?

모자란 것은 언젠가는 반드시 채워주어야만 한다. 가장 소중하 게 여기는 이에게 주고 싶은 것을 스스로에게 선물한다면 주위 사람들도 나를 인정하고 함께 기뻐해줄 것이다. 나부터 내면의 깊이가 깊어지면 주위사람들도 자신의 선택이 얼마나 중요한지 알게 되고, 그에 따라 나 자신에게 느끼는 신뢰감도 커진다.

샐리의 경우도 그랬다. 봄비 내린 뒤에 꽃이 피듯 서로에게 도 움이 되는 상황이 자신도 모르는 사이에 형성된 것이다.

개인주의를 사생활에 도입하여 큰 성과를 올렸던 캐롤이라 는 여성의 예도 있다. 그녀는 수백만달러의 거래를 하는 해운회사에 근무하고 있었으며, 항상 다양한 사람들을 접해야 했다.

최근에 그녀는 결혼하여 남편과 함께 보내는 시간이 늘어나자 결혼 전 꾸준히 하던 운동을 못하면서 급격히 체중이 늘어났다. 업무의 특성상 많은 사람을 대해야 하는 그녀에게 체중 조절은 반드시 필요했다. 그래서 그녀는 개인주의적인 결단을 내렸다. 아침에 조깅을 하기로 결심하고 그러기 위해 늦어도 밤 10시에는 잠자리에 들기로 한 것이다. 남편도 그녀의 생활방식에 맞춰 잠이 오지 않더라도 일단 같은 시간에 잠자리에 들기로 했다. 캐롤이 개인주의의 결정을 했지만, 사이가 나빠지기는커녕 두 사람의 사랑은 점점더 깊어지게 되었다. 캐롤이 개인주의의 결단을 내림으로써 두 사람만의 영역에 명확한 틀이 만들어진 것이다. 곧이어 남편도 함께 아침 조깅을 시작했고, 두 사람은 더욱 많은 시간을 함께 즐기게 되었다.

지금까지 경험해왔던 인간관계의 문제들을 떠올려보자. 과연 문제에 연루되었던 이들 모두가 확실하게 자신의 의견을 갖고 그것을 떳떳하게 주장했는가? 사실은 되도록 서로 부딪치지 않고 그럭저럭 지내는 쪽을 선택하는 동안 문제가 점점 커진 것은 아닌가? 저마다 자신 있게 개인주의로 행동했다면 인간관계에서 무력감을 느끼지는 않았을 것이고, 초기에 문제를 해결할 수 있었을 것이다.

개인주의가 되지 못하면 인생 최고의 기회를 내 것으로 만들 수 없다.

02

현실에 집중하면 불안은 사라진다

02

과거에 대한 미련은 버리고,
현재에 집중하라

지금 이 순간을 집중할 때, 우리의 매력은 최고치에 달한다

왕년의 명콤비라고 불렸던, 아보트Abbort와 코스텔로Costello는 오랫동안 인기를 누린 코미디언이다. 연극, 영화, 텔레비전 등에서 두루 활약했는데, 코스텔로는 약간 뚱뚱하고 작은 키에 어린애처럼 애교 있는 얼굴이고, 아보트는 키가 크고 바짝 마른 데다 눈빛이 날카롭고 거만한 태도에 뾰족한 턱수염과 항상 심각한 얼굴 표정이 특징이다.

아보트와 코스텔로의 코미디는 엉뚱한 얘기로 듣는 사람들을 어리둥절하게 만드는 만담이 가장 대표적이다. 이를테면 배가 잔뜩 고픈 두 사람이 하나밖에 없는 샌드위치를 서로 차지하려고 다투는 것이다. 아보트가 내기를 하자고 제의한다. 자신이 현재

이곳에 없다는 것을 증명하는 사람이 샌드위치를 먹자는 것이다.

아보트는 먼저 자신은 시카고에 없다고 말한다. 맞는 말이다. 다음에 세인트루이스에도 없다고 한다. 코스텔로가 동의하기를 기다렸다가 아보트는 이렇게 말한다.

"시카고에도 세인트루이스에도 없다면 나는 어딘가 다른 곳에 있는 거지?"

"……그렇지."

"어딘가 다른 곳에 있다는 것은 이곳에는 없다는 거지 뭐야!"

말을 마치자마자 아보트는 의기양양하게 샌드위치를 집어들고 입을 크게 벌린다. 코스텔로는 순간 아차 하는 표정을 짓지만 곧 아보트의 입으로 들어가려는 샌드위치를 잽싸게 가로채 망설임 없이 덥석 입에 넣어버린다. 당연히 아보트는 항의한다. 그러나 코스텔로는 입을 우물거리며 시카고와 세인트루이스 이야기를 자신의 논리로 바꾸어 자신만만하게 이렇게 대꾸한다.

"지금 너는 이곳에 없는 거잖아. 어딘가 다른 곳에 있는 거지?"

"그래, 맞아!"

"그렇다면 지금 내가 먹는 것은 네 샌드위치가 아니지?"

정말 엉뚱한 논리다. 그런데 사실은 위의 이야기와 똑같이 우리도 어리석은 생각에 빠져 있을 때가 많다. 과거의 잘못을 계속 마음에 담아두고 '만일 그때 그렇게 하지 않았더라면' 하고 이미 지나간 일을 후회하느라 시간을 낭비한다.

과거의 일만이 아니다. 미래에 대해서도 마찬가지다. 지금 아무리 열심히 생각해봤자 당장 어떻게 되는 것도 아니건만 갖가지 망상에 빠져 '만약 잘못되면 어떡하지?'라고 고민한다. 우리는 아보트와 마찬가지로 항상 어딘가 다른 곳에 있는 것이다. 우리가 존재해야 할 장소는 지금 바로 이 시간 이곳 외에는 다른 어떤 곳도 아닌데 말이다.

현재를 소중하게 보내는 것이 가장 건전한 삶이라는 사실은 누구나 알고 있다. 여기에 한가지를 더 보태자. 우리의 매력이 최고로 발휘되는 것은 지금 이 순간을 열심히 살 때다. 미래를 꿈꾸고 그것을 위해 아등바등하거나 과거를 끊임없이 후회하는 순간이 아니다. 쓸데없는 생각보다는 정면으로 현재를 응시해야 미래의 행운을 불러들일 수 있다. 그러면 구체적으로 어떻게 해야 현재에 모든 의식을 집중해 몰입할 수 있는가? 그것이 바로 모든 정신을 집중해야 할 일이다.

고민에서 벗어나는 방법

현실을 배반한 꿈은 깨는 게 좋다

사람에게는 누구나 목표나 목적이 있다. 꿈이 있다는 것은 좋은 일이다. 그러나 너무 꿈만 쫓다보면 현재보다 미래를 더 중시하게 된다. 그것이 바로 문제다.

결혼하자! 돈을 많이 벌자! 세상을 개혁하자! 남에게 존경받는 인물이 되자! 등등 여러가지 꿈이 있지만 그 꿈에 이르는 여정은 쉽지 않다. 자신의 꿈과 현실의 차이가 너무 크면 여정 그 자체보다 목적지가 훨씬 더 매력적으로 보인다. 현재는 어떻게 되든 상관없다라는 상태가 되어 정말 가치 있는 것을 보지 못한다. 그런 상태로 허덕거리며 목적지에 도착해봤자 그토록 그리던 꿈과 현실과의 차이에 큰 실망감만 맛볼 뿐이다.

물론 목표를 달성하기 위해서는 다소의 희생이 필요한 경우도 있다. 현재를 즐기며 살겠다고 토요일 저녁마다 저금통을 깨 놀러나갈 필요는 없다. 그러나 꿈을 이루기 위한 절약도 너무 지나치면 즐거운 일이라고는 하나도 없는 삭막한 생활이 되고, 결국 현재의 나는 음울하고 재미없는 인간이 되어버린다. 이것은 현명한 삶이라고 할 수 없다.

그러면 어떻게 하면 좋을까? 다음 얘기로 가보자.

괜한 고민거리로 긁어부스럼을 만드는 건 아닌지… 두드려봐라!

현재의 생활에 문제가 있을 경우 일반적으로 미래를 좀더 멋지게 만들어보는 것에 기대를 하기 마련이다. 발상은 나쁘지 않다. 그러나 기왕이면 미래보다 현재에 그 에너지를 쓰면 어떨까. 분명 더욱 밝은 미래가 저 건너에서 제 발로 찾아올 것이다. 미래를 붙잡기 위해 현재에서 아등바등하는 것은 큰 실수다.

노력도 하지 않는데 어떻게 미래가 풍요로울 수 있느냐는 의문이 들 수 있다. 그 대답은 나에게 주어진 현재를 최대한 충실히 살면 훌륭한 미래가 저절로 보장된다는 것이다.

강력범죄를 수사하는 형사를 예로 들어 생각해보자. 중요한 단서는 지금 이 순간 마음에 걸리는 것들을 차례차례 조사해나가다 보면 저절로 나타난다. 바로 눈앞에 있는 단서가 미래를 열어주는 것이다. 위대한 민속학자 조셉 캠벨(Joseph Campbell, 조지 루카스George Lucas가 '스타워즈'의 힌트를 얻은 『영웅주의heroism』의 저자 —옮긴이)은 학생들이 인생의 지침을 알려달라고 하면 항상 이렇게 말하곤 했다.

"마음이 기뻐하는 대로 행동하라."

현재는 가장 뛰어난 스승이다. 미래는 그저 유혹일 뿐이다.

스티브라는 사람의 예를 들어보자. 그는 실업가로서 스포츠 용품 체인점을 경영하여 큰 수익을 올리고 있었다. 그런 그가 내게 도움을 청해온 이유는 일에 얽매여 가족과 함께 지낼 시간이 거의 없다는 데 죄책감을 느끼지만, 막상 집에 일찍 가봤자 계속 일에 대한 생각이 떠나지 않아 회사에서나 집에서나 마음이 편하지 않았기 때문이었다.

스티브가 내 조언을 듣고 내린 결론은 '가족과 함께 있는 시간에는 가족에 대해서만, 일을 할 때는 일에 대해서만 생각한다'라는 지극히 당연한 논리였다.

성과는 경이적이었다. 업무효율이 향상되어 이전보다 확고하고도 올바른 결단을 내릴 수 있게 되었다. 무엇보다 기쁜 것은 남편으로서 그리고 아버지로서 자신감이 생겼다는 것이다. 그는 이전까지 매사에 일을 우선하는 자신을 책망하는 것으로 스스로를 정당화하고 있었다는 사실을 깨달았다. 자책은 마음뿐만 아니라 몸의 건강까지 해쳐 인생의 소중한 부분에 쏟을 에너지를 빼앗기고 있었던 것이다.

나도 이와 비슷한 구석이 있지 않은가 생각해보자. 있다고 해도 특이한 경우는 아니다. 스스로 즐기려고 시작한 일이 도리어 고민거리가 된 사람들이 뜻밖에도 많다.

당신은 아는가? 텔레비전을 보는 데 10년을 소비한다는 것을!

최근 읽은 제프 맥니리Jeff McNeely의 만화 '슈shoe'에 나온 이야기다. 트위드 재킷 차림의 앵무새 슈가 안락의자에 깊숙이 앉아 멍하니 텔레비전을 보며 이렇게 중얼거린다.

"맞아, 나도 무지무지 바빠."

그리고 다음 장면에서 이렇게 말한다.

"그런데 왜 저 녀석에게서 하루도 떨어지지를 못하지?"

다음 계산을 보면 아마도 입이 떡 벌어질 것이다. 미국인은 자유시간의 40퍼센트를 텔레비전 앞에서 보낸다. 이를 평생으로 환산하면 10년이나 되는 시간을 멍하니 텔레비전을 시청하며 지내는 것이다! 그 10년을 매순간 일에 쏟으며 보낸다면 얼마나 많은 일을 할 수 있을까? 분명 상상할 수 없을 만큼 훌륭한 업적을 이룰 수 있을 것이다.

텔레비전은 마약과 마찬가지다. 비밀은 광고에 있다. 어떤 프로그램이든 돈을 대주는 광고주에게 이익이 되도록 제작되고, 광고방송은 최대한의 효과를 거둘 수 있도록 편성되어 있다. 예컨대 드라마가 가장 아슬아슬한 장면일 때나 코미디 쇼가 한참 재미있을 때 광고방송으로 넘어가는 것이다.

광고방송은 텔레비전방송의 '가장 좋은 부분'에 나온다. 잡지로 치자면 표지의 뒷면 같은 가장 눈에 띄는 곳에 광고가 실린다. 이것은 당연한 일이다. 방송 종료시간에 모두 몰아서 광고방송을 내보내거나 잡지의 뒷면에 한꺼번에 광고를 몰아 싣는다면 사람들이 볼 리가 없다.

물론 도움이 되는 양질의 방송이 없는 것은 아니다. 그러나 대부분의 텔레비전방송은 두뇌활동을 마비시키고 일시적인 즐거움을 주는 대신 귀중한 시간을 빼앗아가는 시간도둑이다. 그래서 현실이 따분한 사람일수록 텔레비전에서 위로를 찾는다.

그러나 텔레비전으로 도망치면 칠수록 현실은 더욱 나빠진다. 머리를 마비시키는 오락이기 때문이다. 광고를 끊임없이 보게 되면 모든 물건이 꼭 필요한 것처럼 느껴진다. 물건을 사는 재미가 있을지는 모르지만 대부분은 낭비에 불과하다. 특히 질적인 삶을 포기하면서까지 그런 곳에 돈을 쓰는 것은 현명한 지출이라고 할 수 없다.

텔레비전에 집착하는 인간은 라이프스타일과 현실생활을 구별하지 못하게 된다. 갑자기 텔레비전 시청을 중지하면 처음에는 약간의 금단현상이 나타난다. 그러나 일주일도 안돼 내 삶의 한순간 한순간이 반짝반짝 빛나는 것을 깨닫게 될 것이다.

현명한 사람은 포기할 줄 안다

필즈W.C. Fields는 이런 말을 했다.

"한번 실패했다면 몇번이고 다시 도전하라. 그래도 안될 때는 당장 그만두는 게 현명하다."

훌륭한 인간이 되기 위해 지나치게 노력하는 바람에 도리어 인간다움을 잃어버린 사람들을 수없이 많이 봐왔다. '훌륭한 인간'이 되려고 노력하지 않아도 그 자질은 이미 자신의 내부에 존재한다. 적절한 환경만 갖춰지면 당장이라도 그 모습을 드러낼 준비를 하고 있다. 현재를 명확하게 파악하고 있으면 그런 환경을 만들 수 있을 것이다.

내가 가진 자아는 나의 일부이며 대단히 소중한 것이다. 단점은 다양한 가르침을 주는 스승이며, 실수는 귀중한 보물이다. 약점이란 나의 내부에 감춰진 장점의 뒷면일 뿐이다. 우리의 목표란 게 단점이나 약점이 없고 실수를 범하는 일도 없는, 자아를 완전히 초월한 인간이 되는 것인가? 그런 것이라면 열심히 추구해봤자 자기암시의 망령이 되거나 근엄하기 짝이 없는 고지식한 인물이 될 뿐이다. 변화하려는 노력은 이제 그만두자. 있는 그대로의 자신을 가슴으로 받아들이자.

미래는 훌륭한 인간이 되지 않아도 열린다. 그러나 참된 자신을 이끌어내지 않고서는 아무것도 시작할 수 없다. 손을 더듬거리며 한 걸음씩 나아가는 것은 이제 그만두고 단번에 성큼 비약하자. 충분히 시간을 들여 자신의 이성과 감성에게 철저히 자기주장을 할 수 있는 기회를 주자. 인내심을 가지고 계속하다보면 서서히 참된 자신의 모습이 드러난다.

계획에 집착하지 마라

라이처스 베이브Righteous Babe 레코드라는 회사를 들어본 적이 있는가?

애니 디프랑코Ani DiFranco는 대단히 자립심이 강한 27세의 여성이다. 버팔로 출신인 그녀는 싱어송라이터로서 눈부시게 활약하고 있다. 이제까지 팔린 CD가 150만장, 콘서트 티켓은 400만달러라는 판매실적을 올렸다. 게다가 그녀는 티셔츠나 포스터 판매, CD제작 등의 사업을 고향에서 시작하여 그 지역에 일자리를 제공하고 있다.

한편 그녀는 유명 레코드회사로부터 밀려드는 유리한 조건의 계약제의를 번번이 거절했다. 내가 디프랑코를 알게 된 것은 이 책을 마무리하기 얼마 전 우연히 〈뉴욕타임즈〉지와의 인터뷰 기사를 본 것이 계기였다. 그녀는 인터뷰에서 이렇게 대답했다.

"오래전부터 미래의 계획에 대해 끊임없이 질문을 받아왔지만 계획을 세운 적은 단 한번도 없어요. 나는 그저 달리는 일에만 신경을 쓸 뿐이죠. 전력으로 질주하는 덩치 큰 말처럼요."

이토록 철저하게 무계획적으로 사는 것도 아무나 할 수 있는 일이 아니다. 오히려 대부분의 사람들은 철저한 계획에 얽매여 옴짝달싹도 못하는 경우가 많다. 특히 하나에서 열까지 정확한 계획에 따라 일이 진행되지 않으면 성에 차지 않는 성격의 사람들이 그렇다. 그런 사람들은 사실 자신의 계획을 맹신함으로써 위험과 불안으로부터 도망치고 있는 것이다.

순간의 판단이 때론 집중력이 있다!

구상이나 계획을 세우는 것이 나쁜 일은 아니다. 그러나 참된 자신을 구현하기 위해서는 계획에 의지하는 것보다 일이 닥칠 때마다 순간적으로 판단하는 능력을 기르는 것이 좋다. 시간이 흐를수록 낡은 것이 되고 마는 계획에 연연하지 말고 임기응변으로 새로운 아이디어를 계속 생각해내고 삶에 반영해야 미래가 화려하게 꽃핀다. 현재로부터 재빠르게 배울 줄 아는 사람이 완벽한 계획을 세울 줄 아는 사람보다 우수한 것이다.

과학기술의 진보가 우리의 생활을 얼마나 급속하게 변화시켰는지, 그러한 변화를 우리가 얼마나 자연스럽게 받아들이고 있는지 한번 돌아보자. 겨우 반세기 전의 일이 돌이켜보면 100년 전의 일처럼 느껴진다. 무서울 정도로 급격하게 생활이 변화하는 지금, 계획 따위를 아무리 세워봤자 현실이 따라잡기는 힘들다.

우리의 인생에는 어떤 일이 일어날지 예측할 수 없다. 대부분의 경우, 삶에서 절호의 기회는 전혀 예상하지 못했던 형태로 찾아온다. 평소에 유연하게 생각하는 습관을 갖고 이를 존중하자.

뭐, 노력파는 독선적이라고? Why

한가지 일에 매진하고 있는 사람을 사귀면 건설적인 자극을 받기도 한다. 그러나 이런 사람들은 자신의 목표에 푹 빠져 주위사람들을 피곤하게 만드는 경우가 많다. 왜 그런가? 그들은 타인의 에너지를 빨아들여 자신의 힘으로 삼기 때문이다. 이런 사람들은 성공에 대한 가치기준 또한 지극히 단순하기 짝이 없다.

하나의 목표를 향해 한눈 한번 팔지 않고 파고드는 사람들과는 관계를 끊고, 좀더 자기자신을 사랑하고 창조적으로 자신의 가치를 구현하려고 애쓰는 사람들과 사귀자. 그런 친구들을 만나려면 먼저 나부터 창조적으로 나의 가치를 살리려고 노력해야 한다.

'만약'이라는 단어는 머릿속에서 당장 지워라

이 장의 첫머리에 인용했던 마이클 조던의 말을 떠올려보자.

‘만약 ……했더라면’이 입버릇이 된 사람은 현재가 아니라 미래에(좀더 나쁜 경우는 과거에) 사는 사람이다. 특히 미래를 위한 원대한 꿈을 가진 사업가 타입의 인간은 ‘만약 ……했더라면’이라는 병에 걸릴 위험이 높다.

내 낱말사전에서 ‘만약 ……했더라면’이라는 부분을 과감하게 지워버리자. ‘만약 깜빡 잊고 이 말을 쓰고 말았다면’ 왜 그런 생각을 하게 되었는지 냉정하게 분석해보자. 그렇게 해서 미래나 과거로 향하려는 자신의 마음을 재빠르게 현재로 되돌리는 것이다. 허구의 세계에 빠져 있어서는 안된다. 내가 원하는 일이 다른 사람이나 어떤 우연한 사건에 의해 실현되기를 기대해서도 안된다. 어디까지나 스스로 실현해야 하는 일이기 때문이다.

이를테면 ‘대학원만 졸업했다면 훨씬 더 높은 연봉을 받았을 텐데’라는 생각이 들었다고 하자. 물론 그럴 수는 있다. 그러나 그보다는 ‘대학원에 다니는 대신 현장에서 보낸 나날이 더 보람되었다’라고 생각하는 편이 훨씬 낫지 않을까? 결국 관점의 차이다.

03

예민하게 반응하라

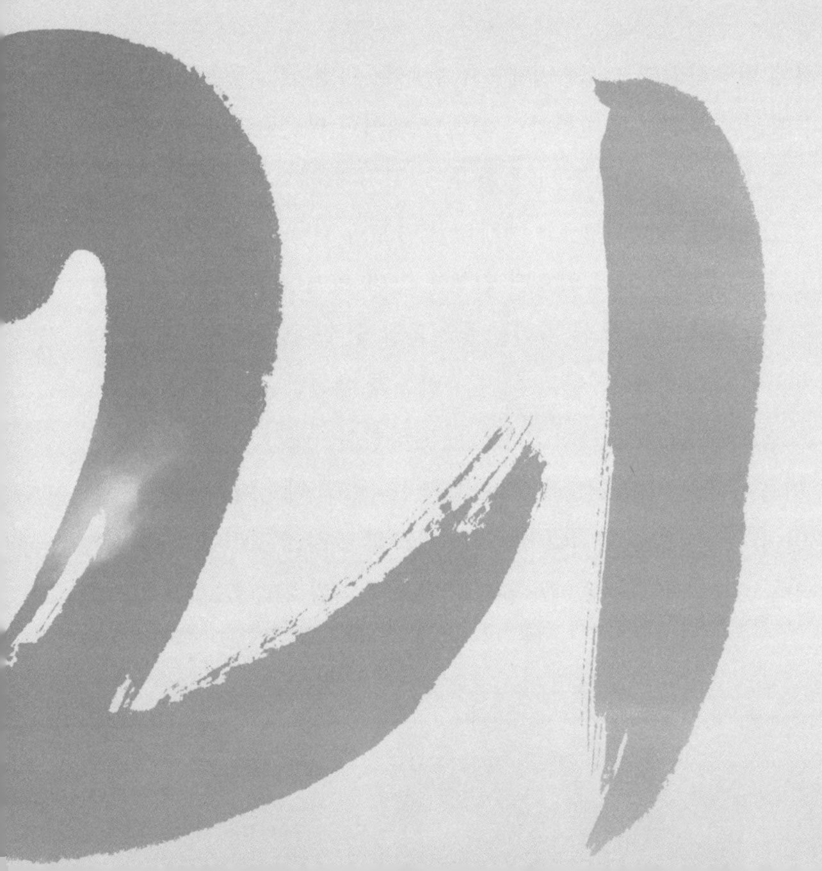

03

변화에 반응할수록
삶의 에너지가 달라진다!

예민하게 반응하라고? 모든 일에? 즉석에서? 그렇다, 바로 그거다. 나 자신이 분명하게 변화하면 엄청난 매력이 발산된다. 물론 진화하려면 나 스스로가 변해야 한다. 그러기 위해서는 주위환경에 민감하게 반응해야 한다. 계기는 얼마든지 있다. 항상 예민하게 반응할 준비가 되어 있으면 인생을 좀더 활력 있고 보람된 것으로 만들거나 그렇게 할 기회를 불러들일 수 있다.

여기에서 주의해야 할 것은 예민한 반응과 예민한 반발은 다르다는 점이다. 인간은, 특히 남자들은 자라면서 무슨 일이 일어나도 마음이 흔들리지 않도록 자신을 조절하라고 배운다. 주변에서 일어나는 일들에 일희일비하거나 동요하지 않는 것이다.

그러나 마음의 동요는 그 뿌리에 엄청난 힘을 감추고 있고 뛰어난 설득력을 가진 스승이기도 하다. 어떤 일이 일어났을 때 그것에 대해 자신이 느끼는 감정을 항상 억제하다보면 스스로의 감정을 파악할 수 없게 된다. 나아가 그러한 감정에 근거를 둔 자신의 행동으로부터 배울 수 있는 기회도 잃는다. 유능하고 냉철한 사람이라는 가면을 뒤집어쓰고 있는 사이에 내면은 마비되고 마음과 몸의 연결은 점점 약해져간다. 예민하게 반응하지 않으려고 스스로를 억누르는 버릇이 생기고 마는 것이다.

자, 이제 넓은 마음으로 억누르고 있던 가면을 시원하게 벗어던지자. 지금까지 아무 생각 없이 지나쳤던 바로 내 곁에 있는 삶의 힌트들을 하나도 남김없이 소중한 정보로 받아들여 기회를 최대한으로 살릴 수 있다면 조금쯤 더 예민한 감정을 가지는 것도 좋지 않을까? 현재 봉착해 있는 문제에 어떻게 대처하고 해결해야 할지 고민하는 대신 이 문제가 가진 단점을 장점으로 바꾸는 마음의 여유를 가진다면 예민한 반응도 얼마든지 가능하다.

다음에서 예민한 반응과 예민한 반발의 차이를 살펴보자. 그 차이를 이해하고 나면 변화속도는 훨씬 빨라질 것이다.

뭐, 예민하게 반응하면 엄청난 이익이 생긴다고? Yes!

직관을 굳게 믿을 때, 확실한 반응이 일어난다

뭔가 뜻밖의 일이 일어났을 때 우리는 내심 깜짝 놀란다. 조금씩 더 민감하게 반응하여 마지막에는 지나칠 정도로 과장되게 놀라 보는 건 어떨까. 당연히 처음에는 어색하고 스스로 거부감을 느 낄 것이다. 사실은 어떤 놀라운 일에 반응하거나 혹은 과장된 반 응을 보이는 경향이 과거에 매여있게 만들 수 있다. 그러나 어떻 든 한번씩 과장되게 놀라는 척할 때마다 우리의 내면은 크게(실 제 놀란 정도보다 훨씬 크게) 변화할 것이다.

나는 오래전부터 예민하게 반응하도록 애써왔다. 그 덕분에 별로 좋아하지도 않고 자질도 없었던 파이낸셜 플래너라는 직업 에서 깨끗이 손을 뗄 수 있었다.

나의 경우 예민한 반응의 첫번째 성과는 '라이프 플래너Life planner (보험설계사)'라는 새로운 직업으로 이어졌다. 이것도 물론 의미 있는 일이었지만, 나는 여전히 목표를 달성하는 데만 급급해서 인간적인 교류가 적었고 참된 의미에서 고객들의 발전을 도와주 는 일을 하는 것은 불가능했다. 그런 안타까움에 예민하게 반응 한 결과 퍼스널 코칭이라는 전혀 새로운 분야를 개척하게 되었 다. 세계적으로도 유례가 없는 '코치대학'을 설립하고 퍼스널 코 치들을 양성하기에 이른 것이다.

나는 상품을 들고 다니며 남에게 판매하는 일이 죽기보다 싫 었기 때문에(특히 거절당하는 것이) 그런 내 감정에도 예민하게 반응했다. 그 결과 '긍정의 습관'을 만들어낼 수 있었고 그것을 정리한 것이 이 책이다.

그런 식으로 나 자신의 감정에 예민하게 반응하는 동안 나는 어느새 막대한 수입을 얻게 되었다. 그러나 그보다는 내 일을 진 심으로 즐길 수 있게 되어 무척 행복하다.

그런데 왜 예민하게 반응을 하면 성공할 수 있는 걸까? 살다 보면 언젠가는 비슷한 문제에 다시 부딪친다는 것은 별다른 예지 능력이 없는 사람이라도 알고 있다. 회전목마를 탔을 때처럼 같은 풍경을 계속 마주치게 되는 것이다. 마치 인생이 우리를 이렇게 시험하는 것처럼 말이다.

"내가 보낸 메시지는 잘 받았지? 뭐, 아직도 모르겠다고? 그렇다면 다시 한번 겪게 해주지. 자, 이번에는 맛이 어때?"

논리적인 설명은 어렵지만, 인생에서 중요한 일은 논리를 뛰어넘는 경우가 종종 있다. 예민한 반응은 자신의 직관을 굳게 믿을 때 가능하다. 나 자신을 신뢰하고, 실패를 두려워하지 않는 마음가짐이 반드시 필요하다. 처음에는 실패를 하겠지만, 차츰 직관이 발달하면서 우리는 변화해나간다. 본래의 나 자신이 발현되고, 똑같은 자리를 빙글빙글 도는 회전목마가 아니라 좀더 신나는 놀이기구로 갈아탈 수 있는 것이다.

살면서 일어나는 일들에 애매한 반응을 보이는 것이 아니라 매번 예민하게 반응하고 그에 따라 어떤 식으로든 변화하려고 노력하는 것은 삶이 준 메시지를 잘 받았다는 답신이나 마찬가지다. 바로 지금을 살고 있다는 반증이다. 미래도 과거도 아닌 현재의 나 자신이 변화하면 삶은 놀랄 정도로 다르게 보인다. 내가 생각한 만큼 성과가 나지 않았다 해도 머지않아 훨씬 더 멋진 변화가 반드시 일어난다. 마치 병원을 바꾸자마자 오래된 지병이 깨끗이 나아버리는 것처럼.

최악의 상황에서도 5가지 이상 선택의 길은 존재한다

힘든 상황에 직면했을 때, 대부분의 사람들은 선택할 수 있는 두세 가지 길을 찾는다. 그러나 어떤 상황에서나 선택할 수 있는 방법은 반드시 5가지 이상 있다. 틀에 박힌 사고에서 벗어나 도저히 불가능하다고 여겨지는 선택도 반드시 고려해보자. 마음만 먹는다면 할 수 있는 일은 얼마든지 있다. 따라서 폭넓게 받아들이겠다는 자세만 갖추면 된다.

새로운 선택의 길을 수용하지 못한다면 우리는 이제까지와 똑같은 해결책에서 주저앉은 채 다시 같은 문제로 고민하게 될 것이다. 똑같은 해결책으로 획기적인 결과가 나올 리 없다는 것은 누구나 알고 있다. 그런데도 둔감하게 반응하면서 쳇바퀴만 돌고 있는 사람들이 적지 않다.

어째서 반응이 둔감해지고 말았는가? 그것은 부모나 선생님, 고용주에게 신경을 쓰느라 자기자신의 직관을 충분히 신뢰하지 못하기 때문이다. 직관은 근육과 마찬가지로 쓰면 쓸수록 발달하는 것이다. 자신의 직관에 힘을 불어넣으면 성공은 자신의 힘으로부터 나온다.

수잔은 코치대학의 첫번째 학생이었다. 초기에 가진 몇차례의 수업에서 그녀는 불만을 느꼈다고 한다. 보통 '착한 학생'이었다면 불만이 있더라도 그냥 참고 있었겠지만, 그녀는 곧바로 내게 이메일을 보내왔다. 그것이 계기가 되어 일 대 일로 충분히 대화를 나누게 되었고, 그 결과 그녀는 자신이 피해의식에 젖어 있고 항상 죄의식을 느끼며 살고 있다는 것을 스스로 깨달았다.

처음 몇번의 수업을 통해 그녀는 더이상 피해망상에 빠져 있지 않고 자신의 마음속에서 일어나는 움직임에 예민하게 반응하여 내게 이메일을 보내는 적극적인 행동에 나선 것이다.

나는 그녀가 표현한 다음의 말을 특히 좋아하게 되었다. 코치 대학 프로그램의 핵심을 단적으로 드러내는 말일 뿐만 아니라 그녀 스스로 모범을 보인 것이기도 하다.

"매력적인 인간이 된다는 것은 자기자신에게 끊임없이 힘을 불어넣는 일이다."

감정에 충실할수록 문제가 잘 풀린다

파이낸셜 플래너로 일하던 무렵 나는 말 그대로 일밖에 모르는 인간이었다. 일어날 수 있는 모든 상황을 상정하고 그것에 대비할 수 있는 조건들을 최대한으로 고안해냈다. 그런 후 연구에 몰입하여 장단기적인 이익과 손실을 정확히 예측한 뒤에 결정을 내리는 식이었다.

그런데 어느날 문득 엄청난 사실을 깨달았다. 그토록 열심히 일했건만 제대로 된 결정이 거의 없었다는 것을 알게 되었다. 논리적으로 완벽했고 지극히 상식적인 판단이기는 했지만, 무언가가 부족했다. 모든 조건을 갖추고 가장 빠른 길을 선택했지만 결국 목표지점에는 도달하지 못한 것이다. 심지어 정보를 빠뜨린 경우까지 있었다.

그래서 나는 머리로 궁리하는 짓은 그만두고 오로지 몸의 반응에 따라 선택하기로 했다. 그러나 직관으로만 결정했다는 뜻은 아니다. 인간의 몸은 머리부터 가슴, 손끝과 발끝까지 온몸으로 정보를 받아들여 대응할 수 있도록 신경이 분포되어 있다.

우리는 일반적으로 머리로만 궁리를 하고 몸이 보내는 정보를 무시하곤 한다. 그러나 몸의 반응은 머리로 내리는 판단보다 훨씬 조리 있고 정확하고 솔직한 경우가 많다. 우리 몸에는 뇌보다 훨씬 많은 세포가 있어서 나라는 인간을 뇌세포보다 훨씬 더 포괄적이고 정확하게 파악해낸다. 우리 몸이 보여주는 반응은 단순하면서도 솔직하다. 고민하는 문제가 있다면 몸으로부터 발신되는 정보, 곧 나 자신의 감각을 신뢰하고 정직하게 따르기만 하면 되는 것이다.

몸은 스스로 해야 할 일을 알고 있다. 자연스럽게 느껴지는 우리 몸의 메시지에 귀를 기울이는 것이 현명하게 변화해나가는 첫걸음이다.

참을성이 강한 사람은 인간관계에 서툴다?

어떤 일이 두렵거나 혹은 화가 날 때, 왜 그런지 생각해본 적이 있는가? 대개는 자신의 감정을 수습하기에 바빠서 원인을 찾는 데는 소홀하기 쉽다. 이런 감정을 억제하지 않고 그대로 다 드러낸다면 어떻게 될까? 자기감정을 충실하게 드러냄으로써 나 자신에 대해 완전하게 이해하는 자료로 삼는 것이다.

어떤 감정이든 반드시 원인이 있다. 그 원인을 파악할 때까지는 자신의 감정을 억누르지 않도록 하자. '참을성이 강한 사람이 한번 화를 내면 더 무섭다'고 하는 이유가 의외로 인간관계가 서툴러서 분노를 마음속에 차곡차곡 쌓아두기 때문이다.

그렇다고 마구잡이로 감정을 폭발시키라는 것은 아니다(어떤 사람에게는 이 방법이 대단히 효과적인 경우도 있지만). 단지, 분노도 하나의 정당한 감정이고 그것을 솔직하게 드러냄으로써 자신의 내면을 더 깊이 이해할 단서를 얻을 수 있다는 말이다. 코치나 정신과 전문의의 도움을 받으면 이 과정을 되도록 신속하게 끝낼 수 있다.

인간관계에서도 실리를 추구하라

사소한 일에도 둑이 무너지듯 일시에 감정을 분출하는 사람, 혹은 둔감해서 남의 불행에 전혀 아무런 느낌도 받지 못하는 사람이 있다. 이런 유형의 사람은 절대로 자신을 변화시키려 하지 않을 뿐만 아니라, 곁에 있는 사람까지 진흙구덩이로 끌어들인다. 자신의 가치관이나 사고방식을 주위사람들에게 강요하고 누구든 자신에게 묶어두려고 발버둥친다.

뭔가 어려운 일이 생겼을 때, 내가 예민하게 반응하면서 스스로 해결하겠다고 나서면 그들은 내가 제정신이 아니라고 생각할 것이다. 결코 이런 사람들과 친한 관계가 되어서는 안된다. 문제에 대해 예민하게 반응하는 것은 적극적으로 해결방법을 찾고 나의 길을 개척하는 방법이다. 그 길로 계속 나아가길 원한다면 뜻을 같이 하는 친구들을 찾아야 한다.

예민하게 반응하라고 주장하지 않더라도 나의 새로운 가능성을 수용해주는 사람이라면 반드시 서로에게 도움이 되는 관계가 형성된다. 그런 친구는 우리가 삶에 예민하게 반응하는 방법을 모색하는 데 분명 든든한 버팀목이 되어줄 것이다.

순간의 판단이 때로는 성공을 부른다

사람은 진보하면 한층 더 훌륭하고 현명하게 행동할 수 있다. 그것도 나쁘지는 않다. 그러나 진화란 근본적이고도 영구적인 변화다. 진보와는 차원이 전혀 다른 것이다. 예컨대, 대응이나 해결은 진보다. 그러나 우리의 몸이 보내주는 예민한 감각을 통해 새로운 라이프스타일과 가치관을 얻는 것은 진화다.

가장 큰 차이점은 변화의 정도와 형식에 있다. 앞으로 변화나 진보가 필요한 상황에 처한다면 진보가 아니라 진화하는 방법을 생각해보자. 클론clone(단일세포)이 아니라 돌연변이가 되도록 연구해보는 것이다. 분명 적응능력이 뛰어난, 어떤 상황에서도 살아남을 수 있는 새로운 사람으로 다시 태어날 것이다. 다윈의 진화론을 나 자신에게 적용하자. 과거의 유물이 된 공룡처럼 살아서는 안된다.

지체하지 않고 바로 예민하게 반응하는 게 처음에는 무척 낯설게 느껴진다. 그러나 예민한 반응이 일단 습관이 되면 나중에는 자연스러워진다. 그것은 개를 훈련시키는 것과 마찬가지 원리다. 개의 어떤 행동에 대해 시간이 한참 지난 뒤에 칭찬하거나 꾸짖어봤자 개는 그 인과관계를 이해하지 못하고 어리둥절해할 뿐이다. 몸의 반응은 순간적이고 본능적이다. 그러므로 그에 대한 응답이 늦어지면 몸과 마음의 연관관계를 강화할 귀중한 기회를 잃어버린다.

자기 나름대로 연구하여 매사에 예민하게 반응하도록 해보자. 어떤 일에 대한 결정을 내릴 때 끙끙거리며 고민하는 과정을 줄이자. 그리고 몸이 전해주는 메시지를 통해 예민한 반응을 보인 경우와 머리로만 연구한 경우가 어떤 차이가 있는지 알아보자. 그러는 사이에 별다른 고민 없이 예민하게 반응할 수 있게 되고, 스스로 깨닫지 못하는 사이에 성공비결을 발견하게 된다. 이것은 대단히 가슴 뛰는 경험이다.

04

원하는 것을 손에 넣었을 때
당당히 즐겨라

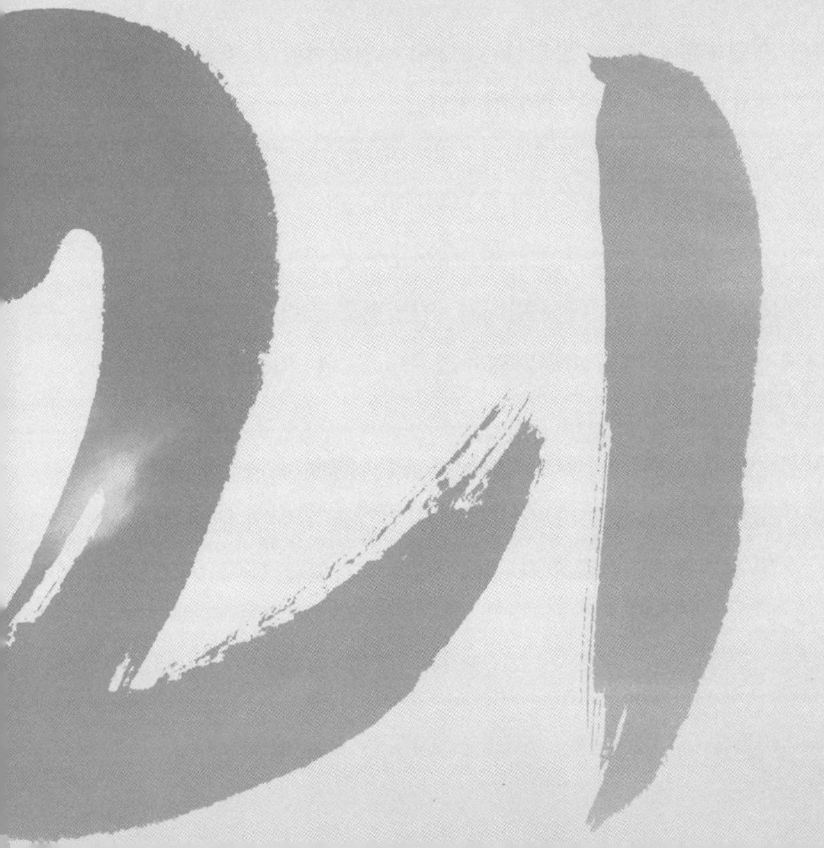

글쎄, 부자일수록 몸을 사린다니깐

앞에서 개인주의로 사는 방법을 몇가지 시험해보라고 했는데, 이번 이야기도 그것과 깊은 관련이 있다.

돈뿐만 아니라 사랑도 중요하다, 집이나 자동차뿐만 아니라 자신의 시간과 행복도 소중하다, 일뿐만 아니라 여가생활 또한 귀중하다, 지나치게 쫀쫀하게 굴며 돈을 모으는 것도 내키지 않지만, 너무 인심 쓰다가 내 주머니가 비는 것도 곤란하다, 최소한 남에게 약간은 베풀 정도의 여유는 갖고 싶다. 이것은 우리 모두가 바라는 것이다.

우리는 언제든 궁핍한 상태에 빠질 수 있고 그렇기 때문에 삶이 항상 불안할 수밖에 없다. 인생에서 불안감을 완전히 떨쳐버리는 것은 불가능하고, 또 그럴 필요도 없다. 불안을 통해 우리는 많은 것을 배울 수 있기 때문이다. 그러나 평생 불안에 떨며 겁에 질려 사는 것은 피해야 한다. 그러기 위해 먼저 만족할 만한 비축으로는 결코 충분하지 않다는 인식을 가져야 한다. 그런 인식을 구체적으로 어떻게 실천하면 되는가?

'부자는 점점더 돈을 많이 벌고 가난뱅이는 점점더 가난해진다'라는 말이 진실이라면 대체 어떻게 해야 부자대열에 설 수 있는가? 의식과 실천, 양면에서 나를 바꾸어야 한다. 실천적인 면에서 능력을 키우는 한편 '나는 만족스러운 인생을 보내는 데 필요한 것은 무엇이든 항상 안정적으로 공급받을 자격이 있다'라고 나 자신에게 들려주는 것이다.

나에 대한 공여를 지극히 자연스러운 일로 받아들일 수 있을 때까지 이런 신조를 항상 염두에 두고 행동하자. 그렇게 하면 내가 원하는 것들이 자연스럽게 내게로 굴러 들어온다. 맨 먼저, 다음 장에 열거한 항목들을 읽고 최대한 실생활에 도입하자.

무엇이든 비축하라

초자들이여! 일단 일주일 안에 한가지를 비축해보라

일주일 안에 무언가 하나 엄청난 양을 비축해두자. 첫번째 비축에 성공하면 그 다음으로 비축하는 양을 두 배로 늘린다. 대부분의 사람들은 충분할 만큼 미리 준비해두기는 하지만 거기에서 더 발전하여 진정한 비축까지 해두는 경우는 드물다. 비축하는 대상은 사소한 것이든 대단한 것이든 상관없다. 예를 들어보자.

코치대학의 학생 마조리가 가장 먼저 비축해둔 것은 약간 엉뚱했다. 가까운 슈퍼마켓에서 대형포장된 두루마리 화장지를 엄청나게 사들인 것이다. 그녀 스스로도 웃기는 행동이라고 생각했지만, 앞으로 일이 년 동안 화장지 걱정은 하지 않아도 된다고 생각하니 마음이 가뿐했다. 처음에는 이런 작은 일이라도 무방하다. 이것은 연습이다. 첫번째 비축을 계기로 다른 부분으로 영역을 넓혀나가면 되는 것이다.

작은 실천으로 이렇게 손쉽게 새로운 세계가 펼쳐지는 것이다. 어떤 것이든 좋다. 생활하면서 매번 신경 쓰기 귀찮은 일이 있다면 엄청난 양을 충분하게 비축해두자. 그것이 항상 좋은 일만 생기는 출발점이다.

가장 소중한 것을 생활의 중심에 세워라

비축의 영역을 넓히는 데는 두 가지 과정이 있다. 필요한 것을 채워놓는 '이익' 작업이 중요하다는 것은 두말 할 필요도 없다. 그러나 이 작업과 똑같이 중요하게 점검해야 하는 게 '손실' 부분이다. 손실을 적극적으로 줄이고 쓸데없이 낭비를 하지 않아서 '풍요의 샘'의 물이 새는 것을 막는 것이야말로 가장 중요한 일이다.

소비를 억제하면서도 인생을 마음껏 즐기려면 어떻게 해야 하는가? 대답은 사람에 따라 천차만별일 것이다. 이를 한마디로 정리하면 돈과 그와 유사한 유·무형의 다양한 자원을 자신이 가치 있다고 생각하는 데만 쓰는 것이다. 곧 물질을 통해 물질이 아닌 것에서 가치를 찾으면 된다.

조용히 마음의 소리에 귀를 기울여 나에게 무엇이 가장 소중한지(소중히 여겨야만 하는지가 아니라) 생각해보자. 다음에는 그 소중한 것을 생활의 중심에 놓고 무엇보다 우선하는 방법을 생각해내는 것이다. 셰익스피어의 말을 빌리자면 '마음에 떠오른 첫번째 수확물을 손에 익혀두자'.

여기에서는 먼저 자신의 가치관을 명확하게 해두도록 하자. 그것이 내게 가장 중요한 것이 무엇인지 정확하게 파악하는 첫걸음이다.

나를 가둔 낡은 습관을 과감히 바꿔라

우리는 일반적으로 틀에 박힌 소비와 절약 습관을 갖고 살아가고 있다. 그 습관을 좋은 방향으로 바꾸기 위해 구체적인 방법을 생각해보자. 『사랑으로의 귀환*Return to Love*』의 저자 마리안 윌리엄스*Marianne Williams*가 말했듯이, '행동으로 새로운 사고를 실천하는 편이 새로운 행동을 어떻게 실천하면 좋을지 생각하는 것보다 훨씬 쉽다.'

자신의 행동에 대해 관념적인 체계를 세우려고 하지 말고 일단 확 바꿔보자. 그리고 그것이 다른 영역에 어떤 영향을 미치는지 진지하게 관찰해보는 것이다. 일단 시작하면 탄력이 붙게 된다. 비축의 영역을 넓히는 데는 변화가 꼭 필요하다. 마음에 들지 않는다면 원래의 방식으로 다시 돌아가면 된다. 그러나 일단 낡은 습관을 과감하게 바꿔본 다음 어떤 현상이 일어나는지 관찰해야 매너리즘에 빠지지 않는다.

욕구불만은 스스로 깨닫지 못하는 곳에서 손실을 낳는다. 만족스럽지 못한 생활을 하다보면 무의식중에 자원을 낭비하게 되고 스스로 그런 행동을 그만둘 수도 없다. 비축하고 또 비축해도 어딘가에서 항상 새어나가는 상태가 되는 것이다. 단기간에 비축 양을 늘리고 그것을 유지하기 위해서는 새는 구멍을 모두 막는 것이 선결 문제다. 새는 바가지로는 물을 비축할 수 없다.

뭐, 시간은 '원재료' 돈은 '운용자금'이라고?

자원을 이용하는 방법을 재고해보자. 그렇게 하면 수입이 늘지 않더라도 이익을 얻을 수 있다. 한가지 문제에 대해 자신이 돈이나 시간을 어떻게 사용하고 있는지 지금 되돌아보자.

단지 필요한 것을 채우는 수준이 아니라 이익을 창출할 방법이 없는지 연구해보는 것이다. 취미를 부업으로 연결시키는 간단한 방법도 좋고, 술값으로 사라지는 용돈을 꼬박꼬박 저금하여 장래의 사업자금을 모으는 알찬 방법도 좋다. 자동차 할부금이나 신용카드의 할부금을 다 갚은 후에 매월 똑같은 액수를 저금하거나 투자하는 것도 좋은 방법이다. 현재의 일에서 비전을 찾을 수 없는 사람은 보람 있는 일을 발견할 때까지 계속 찾으면 된다. 반드시 발견해낼 수 있다.

시간은 원재료이며 돈은 운용자금이다. 우리에게는 투자한 만큼 몫을 되찾고 이익을 얻을 권리가 있다.

원하던 것을 손에 넣었을 때 당당히 즐기라

비축해두고 싶은 것이 있다면 다른 사람의 눈치를 볼 것 없이 내 것으로 만들자. 물론 도둑질이나 윤리에 어긋나는 일을 하라는 뜻은 아니다. 그러나 정당하게 내가 원하던 것을 가지게 되었는데도 공연히 남의 눈치를 볼 필요는 없다. 시간이든 돈이든 아이디어든 사람이든 필요한 것은 적극적으로 내 것으로 만든다는 신조로 사는 것이다.

좋아하는 사람이 있다면 그 사람의 시간을 내 것으로 만들어 나를 위해 쓰게 하자. 상대에 대해 궁금한 것이 있다면 서슴없이 질문을 던지자. 우정인지 사랑인지 확실하게 분석할 필요까지는 없겠지만, 내가 왜 그를 좋아하는지 파악해두는 것은 중요한 일이다. 그런 식으로 하나하나 내 것으로 만들어나가면 중요한 것들이 차츰 명확하게 보이게 된다.

시간이나 서비스를 남에게 제공하면서도 지금껏 그것에 대한 대가를 요구하는 것을 망설였던 사람은 금액을 정하여 정당한 보수를 받도록 하자. 내가 제공한 일에 그만한 가치가 있다면 상대방은 기꺼이 돈을 지불할 것이다.

내 태도가 달라지게 되면 내 서비스와 시간을 이용하던 사람들은 점점 멀어져 가겠지만, 그런 사람들은 사라지는 편이 내 생활에 훨씬 도움이 된다. 그로 인해 시간적인 여유가 생기고 더 많은 수입을 얻을 수 있다.

다른 사람의 뛰어난 아이디어는 내 나름대로 재구성하여 실생활에 적극 도입하자.

잡무를 최소한으로 줄여라

번거로운 일이나 잡무는 누군가에게 부탁하자. 부담이 적은 비용으로 세금납부나 청구서 발송, 고객데이터 관리, 문서작성, 주문 등의 업무를 대행해주는 '비서서비스'를 이용하는 것이다.

코칭대학의 업무는 인터넷을 사용하는 비율이 높기 때문에 나는 업무를 관리해주는 비서서비스를 자주 애용한다. 비서서비스 제공업체에 잡무를 맡긴 뒤부터 내 시간의 비축량은 크게 불어났다. 내게는 다른 어떤 것보다 고마운 일이었다. 훨씬 더 중요한 일에 넉넉하게 시간을 쓸 수 있게 되었으며 특히 인생을 즐길 수 있게 되었다.

나는 잡무를 최소한으로 줄였다. 슈퍼마켓에서 멍청히 카트를 밀고 다니며 듣기 싫은 음악을 듣고 보고 싶지 않은 광고를 억지로 봐가며 시간을 쓸데없이 보내느니 식료품은 모두 전화로 주문하여 배달을 부탁한다. 그밖의 쇼핑은 대부분 상품 안내책자나 인터넷 통신판매를 이용한다. 극히 단순한 일, 또는 경우에 따라 즐거운 잡일까지도 내 생활에서 배제해버린 것이다.

물론 비용은 든다. 그러나 시간은 생산활동의 원재료다. 시야를 넓혀 좀더 큰 이익을 얻을 수 있는 일에 사용하는 편이 훨씬 더 이익이다.

시간과 의식을 내 인생에서 진실로 소중한 일에 쏟도록 하자.

마음과 생활의 공간을 대폭 늘려라

느긋한 마음으로 지낼 때 우리의 마음에는 '공간'이라는 여유가 생기게 된다. 비축한 것들을 보관하기 위해서라도 이런 공간을 좀더 늘려야 한다. 방법은 얼마든지 있다. 장롱 속을 정리한다, 하기 싫은 일이나 당장 필요하지 않은 일, 스트레스의 원인이 되는 업무는 과감하게 잘라낸다, 나에게 제일 편한 길을 선택한다, 스스로 원하지 않는 역할을 연기하는 일은 바로 중지한다, 쉬는 시간을 좀더 많이 갖는다 등이다.

이렇게 내 마음과 생활의 빈 공간을 충분히 늘리도록 하자. 빈 공간이 많아지면 비축하는 양도 늘어난다.

월급의 10퍼센트는 무조건 저축한다

다른 많은 분야에서 비축을 늘렸다 해도 어느정도 경제적인 비축을 하지 않으면 모두 쓸모 없는 일이 되기 쉽다. 돈을 비축하는 일은 아주 단순하다. 수입을 늘리거나 아니면 지출을 줄이면 된다. 둘 다 가능하다면 더욱 좋을 것이다. 일단 자신의 수입이 아무리 적더라도 그중 10퍼센트는 반드시 저축을 하자. 그것을 평생 계속하는 것이다. 현재를 돌아보지 않을 정도로 미래에 묶여 있어서도 안되지만, 그렇다고 미래를 완전히 버릴 수는 없기 때문이다. 지금 경제적으로 여유 있게 비축해둔다면 미래는 훨씬 더 희망적이 될 것이다. 평생 동안 저축을 계속하는 것은 상당히 어려운 일이다. 그러나 금전적인 비축을 많이 할수록 그 노력은 반드시 보상을 받는다.

05

남에게 이익을 주면 나도 행복해진다

05

왠지 주변에 지지자들이 몰리는 사람은 이유가 있다

내가 즐기면서 상대방의 기대를 충족시켜라

지금까지 개인주의로 살아라, 자기자신을 위해 물심양면으로 비축하라고 강조했다. 그 말을 철회할 생각은 전혀 없다. 그러나 인간은 혼자서는 살아갈 수 없는 존재라는 것 또한 사실이다.

그것은 조직에서 일하는 사람이나 가정을 가진 사람에게는 자연스러운 사고방식이다. 그러나 개인적으로 사업을 하는 사람이나 독신자의 경우에는 다를 것 같지만 사실 그런 경우에는 더욱 더 이것을 무시할 수 없다. 고객이나 의뢰인의 지지를 받지 못했다가는 당장 모든 것이 물거품이 되기 때문이다.

왜 남에게 이익을 주는 사람은 남들로부터 지지를 받는가? 주위사람들의 신뢰를 받고 가정이나 직장에서 자신의 존재를 부각시키고 무언가를 할 수 있는 힘을 얻는 것은 무엇 때문인가?

상대방의 기대를 모두 충족시켜주고 나아가 그 이상의 것까지 주었기 때문이다. 물론 자신은 거의 희생을 치르지 않고 오히려 즐기면서.

풍요로운 인생의 요건인 인간관계를 원만하게 유지하기 위해서는 항상 상대방의 기대치보다 많은 일을 해주면 된다. 그러나 자신이 희생하거나 어떤 식으로든 불이익을 당해야 한다면 서로 간에 이익이 되기는커녕 죽도 밥도 아니게 된다.

직장에서는 고객 모두가 이익을 얻도록 해야 한다. 그렇게 하면 누구든 나와 거래하고 싶어한다. 사생활에서는 주위사람들 모두에게 이익이 되는 일을 한다. 한번 관계를 맺은 사람들은 내 곁을 떠나지 않을 것이고 앞으로도 내내 함께하기를 바랄 것이다.

그동안의 친분 때문에 어쩔 수 없이, 혹은 말만 그럴듯하게 하는 것이 아니라 스스로 자부심을 느낄 수 있는 관계를 형성해야 한다. 곧 상대의 기대에 마지못해 응하는 게 아니라 나 자신의 행복을 위해 상대방을 기쁘게 해주는 것이다.

이 꽃 저 꽃으로 꿀을 모으러 날아다니면서 동시에 꽃가루를 옮겨주는 꿀벌이 좋은 예이다. 꿀벌이 열심히 꿀을 모아들이는 것은 꿀벌 자신과 식구들이 먹고살기 위한 행위다. 그들은 자기도 모르는 사이에 꽃가루와 꽃의 암술머리의 매개체 역할을 하고 식물계에 큰 도움을 준다. 특별히 노력하지 않고도 도움을 주고 있는 것이다. 인간의 엄지손가락보다 작은 꿀벌도 그런 큰일을 해낸다. 인간은 얼마나 더 큰 일을 할 수 있겠는가!

그러면 남에게 이익을 주고 나 역시 기쁨을 얻는 방법을 배워보자. 남에게 무언가를 주는 데서 느끼는 기쁨이야말로 나의 매력을 키워주는 요인이며, 무엇을 주었는가는 그다지 중요하지 않다.

남에게 이익을 주면 두 배로 돌아온다

상대의 가치관을 알면 시야가 넓어진다

사람마다 소중히 여기는 것이 각각 다르다. 관심이 가는 상대방이 있다면 느긋하게 대화를 나누고 그 사람이 가장 소중하게 여기는 것이 무엇인지 알아두자. 상대방이 소중하게 여기는 것을 알았다고 해서 그것을 실제로 제공해줄 필요는 없다. 서로 마음을 열면 상대방의 가치관을 존중해줄 수 있다.

이렇게 시야가 넓어지면 지혜가 생기고 어떻게 해야 상대방을 기쁘게 해줄 수 있는지 저절로 깨닫게 된다. 그와 함께 나 자신도 행복해지고 생각도 깊어진다.

행복한 얼굴에는 위선이 없다

모두가 행복해지기를 바라며 살지만, 자신이 어떤 일에서 행복을 느끼는지 알고 있는 사람은 뜻밖에도 그리 많지 않다. 언제 행복을 느끼는지 알게 된 순간 매력적인 사람으로 새롭게 바뀌게 된다. 나에게 기쁨을 주는 것은 무엇인가? 지적인 탐구인가? 남에게 헌신적으로 봉사하는 것인가? 어려운 일들을 척척 해치우는 것인가? 큰일을 기획하는 것인가?

일반적으로 우리가 기쁨을 느끼는 때는 자신의 가치를 유감없이 발휘했을 경우다. 곧 나 자신이 기쁨을 느낄 때는 분명 나도 모르는 사이에 남들도 이익을 얻게 된다. 반대로 어떤 일을 해도 따분하기만 할 때는 주위사람들에게도 나쁜 영향을 미치게 된다.

캔자스시티에서 코치로 일하고 있는 데이비드 넬슨은 그것을 실감한 사람이다. 그는 영화를 좋아하는 자신의 취미를 직업에 활용해보기로 마음먹었다. 그가 보내준 이메일을 소개하겠다.

나는 사람들에게 무엇이 필요한지 파악하고 그것을 실현시키는 데 도움이 되겠다고 생각했습니다. 오랫동안 머릿속은 온통 일에 관한 생각뿐이었습니다. 내가 그토록 좋아하는 영화를 어쩌다 보게 되었을 때도 업무를 내팽개치고 온 것도 아닌데 왠지 사치를 부린다는 일종의 죄책감을 느끼곤 했습니다. 그러나 영화정보를 코치업무에 도입하면서 모든 것이 바뀌었습니다. 사람들이 영화에 대한 내 이야기를 재미있게 들어주었고 이전보다 훨씬 더 친근하게 대해줍니다. 나도 모든 일을 표면적인 것뿐만 아니라 내면까지 마음의 눈으로 바라볼 수 있게 되었습니다. 이제 영화를 자주 보러 나갑니다. 그리고 진심으로 영화를 즐깁니다. 죄책감은 사라졌고, 내 고객과 친구들, 가족들을 어느때보다 자신있고 활기차게 대합니다. 요즘 코칭수업에 인용했던 영화장면들과 그런 이야기에 대한 고객들의 심리적 변화에 대해 부지런히 메모카드를 만들고 있습니다. 언젠가는 정리해서 책으로 낼 생각입니다. 이렇게 내 삶이 멋지게 급선회한 것은 진심으로 즐기면서 남에게도 이익을 주는 방법을 찾아낸 덕분입니다.

항상 좋은 일이 생기는 사람이 되려면 자신의 견해나 제안을 남에게 강요하는 일은 그만두어야 한다. 오히려 내 집 문 앞에 내놓아 남들이 자유롭게 가져가게 하는 것이 남의 집 문을 두드리고 다니며 강요하는 것보다 훨씬 편하고 서로에게 이익이 된다. 문 앞에 내놓은 내 견해나 제안을 집어들었을 경우, 상대방은 스스로 선택한 것에 대한 기대감을 갖기 때문이다.

항상 자신을 내세우는 게 습관이 된 현대인은 세일즈 지향적인 사고를 버리는 데 상당한 각오가 필요하다. 그러나 나를 선전하고 판매하는 일에 급급하다보면 진정한 기쁨은 결코 느낄 수 없다.

이제 고객이 원하지 않는 강매는 그만두자. 세일즈를 일체 하지 않은 채 일을 추진하다보면 시행착오도 겪게 되고 곤란한 지경에 빠지는 일도 있을 것이다. 일시적으로 수입이 줄지도 모른다. 그러나 대부분은 전보다 훨씬 인생을 즐기고 수입도 서서히 오르는 성과를 거둔다.

달라스에서 보험설계사로 일하는 토드는 그것을 증명했다. 그는 일류 보험회사의 영업사원으로서 엄청나게 많은 계약을 따냈고 사내에서도 최고의 실적을 올렸지만, 보험업계에 뛰어든 지 15년째가 되자 자신의 삶에 회의를 느끼기 시작했다. 수입이 산술적으로 증가하는 것과 맞물려 업무량과 관리해야 할 고객의 수는 기하급수적으로 늘어났던 것이다.

그래서 토드는 '고객을 한 명이라도 더 늘리자'가 아니라 '고객 서비스'에 힘을 기울이기로 했다. 곧 고객의 사업을 단기간에 성장시켜주는 것을 최우선 목표로 삼은 것이다. 그는 그때까지 투자하던 것보다 두 배나 많은 시간을 고객을 위해 썼다. 상대의 이익을 첫번째로 고려한 결과, 고객의 사업은 순식간에 큰 성공을 거두었고 토드 자신도 일에서 큰 보람을 느꼈다.

그의 고객은 이전보다 줄었지만 기존 고객과는 훨씬 긴밀한 관계를 형성할 수 있었다. 전에는 날마다 영업할 생각만 했지만 요즘은 고객이 가능한 적게 지출하고 큰 이익을 얻을 수 있도록 정성을 다해 확고한 신뢰관계를 구축하는 데 중점을 두고 일한다. 그러는 동안 그의 연수익은 1년 동안 자그마치 40퍼센트나 올랐다. 현재 토드는 여러 회사에서 영업사원에게 '실적 상승의 비결'을 전수해달라는 요청을 받고 있는 가장 바쁜 사람이 되었다.

단골 고객들을 광고탑으로 만드는 방법

한꺼번에 너무 많은 양을 입에 넣으면 씹거나 삼키는 데 고생을 한다. 마찬가지로 수익을 올릴 수 있는 계획을 너무 많이 제공했다가 도리어 단골 고객과 미래의 고객까지 잃게 되는 결과를 낳는 경우도 있다. 기존의 계획을 최대한 활용하여 최대의 수익을 올릴 수 있도록 도와주는 편이 훨씬 더 바람직하며, 코치하는 입장에서도 일이 간편해진다.

그러면 어떻게 해야 기존의 계획을 최대한 활용하는 방법을 고객에게 가르쳐줄 수 있을까? 매뉴얼을 읽어주고 실제로 하는 방법을 설명하고 상대가 충분한 기술을 익혀 성과가 나타날 때까지 철저히 관리하는 것이다. 내가 성의를 보이면 그 고객은 자진해서 든든한 광고탑 역할을 해준다. 혹은 고객들이 상품이나 서비스의 새로운 이용법을 제안해오기도 한다. 이렇게 되면 그대로 돈버는 장사가 된다. 수익을 올리기 위해 반드시 상품의 수량을 늘릴 필요는 없다.

위선적인 행동은 불신을 부른다

남에게 수익을 올려주겠다고 떠들면 귀가 솔깃해하지만 그것이 자신의 욕구를 채우기 위한 구실에 지나지 않는다면 공허한 말장난으로 들릴 뿐이다. 앞에서는 그럴듯한 말을 하면서 뒤로는 자신의 이득만 챙기는 것은 스스로에게도 그다지 유쾌한 일이 아니다.

제아무리 그럴듯하게 포장해도 이런 위선은 사람들이 금방 알아차린다. 그러면 애써 제공한 서비스도 선의의 선물이 아니라 함정으로 비쳐진다. 일단 서비스를 받아들인다 해도 고객은 불신감을 떨쳐버리지 못하고 결국 멀어진다.

특히 매우 교묘한 함정을 파놓아서 자신의 진짜 의도가 거의 드러나지 않을 정도로 감쪽같이 포장하는 사람들도 있다. 그러나 어떤 경우든 결국 고객은 속셈을 감지하고 경계심을 갖게 된다. 그렇게 되면 제아무리 훌륭한 서비스를 제공해도, 마음에서 우러나온 듯한 성의를 보여도 신뢰감을 회복하지 못한다.

남을 도와주는 일은 그것 자체가 기쁨이지 자신의 욕심을 채우기 위한 것이 아니다.

프로의식을 갖고 일을 하라

자신에게 별로 도움이 되지 않는 업무를 대폭 줄이면서도 주위

동료들에게 피해를 주지 않기 위해서는 상품을 고객의 요구에 정확히 대응하는 고객 맞춤형customize으로 만들면 된다.

요즘은 소비자의 수준이 높아지고 취향도 다양해져서 선택기준이 까다롭다. 구두 한 켤레를 만들 때도 색감의 미묘한 차이까지 고객의 취향에 정확히 맞춰주지 않으면 통하지 않는 시대다. 다른 상품이나 서비스도 마찬가지다. 그러나 독창성이 뛰어난 사람에게 고객 맞춤형 사업은 즐거운 일이다. 프로의식이 크게 자극받고 고객을 만족시키면서 얻는 기쁨도 남다르기 때문이다.

트렌드에 민감해져라

정보화가 급속히 진행되고 있는 요즘 '부가가치'로 총칭되는 것의 대부분은 정보나 기술과 같은 무형의 것이다. 이런 상품은 제공하면 할수록 소비자의 무형재산을 풍성하게 해준다. 뒤쳐지지 않고 항상 가치 있는 최신 정보를 파악하기 위해서는 '트렌드'를 따라잡는 것이 가장 좋다.

현대 사회를 선도하는 트렌드는 '인터넷', 그리고 '인생의 의미 찾기' 두 가지다. 인터넷에 대해서는 굳이 말할 필요가 없을 정도로 엄청난 속도의 지속적인 성장을 보이는 거대 트렌드다. 거대한 부와 오락을 만들어내며 개인, 비즈니스, 사회 등 다양한 방면에서 변혁을 불러일으키고 있다.

한편, '인생의 의미 찾기'는 더 광범위한 트렌드다. 기존의 종교관에서 탈피하려고 하거나 반대로 원리주의에 심취하는 사람들도 있다. 전혀 다른 문화나 역사에서 정신적인 기반을 탐색하는 사람들도 있다. 또한 정신세계에 몰두하여 신과의 대화를 시도하는 사람들도 있다. 혹은 그런 정신적 기반은 일체 무시한 채 바로 지금 자신의 존재를 직시하며 독자적인 의미를 모색하는 사람들도 있다. 또 이와 다르게 민족의 정체성을 재인식하려고 노력하는 사람들, 전혀 다른 문화의 종교, 음악, 무용 등에 열중하는 사람들도 있다.

심리요법이 크게 각광을 받으면서 다양한 심리치료가 인기를 끌고 있다. 요가 교실은 예전에는 히피세대의 집합장소였지만, 이제는 남녀노소를 불문하고 성공지향의 직장인부터 영혼의 탐구자까지, 또 운동을 좋아하는 사람부터 다이어트에 실패한 사람까지 다양한 계층의 사람들에게 인기를 끌고 있다. 정신적인 공허함과 굶주림과 탐색이 현대를 살아가는 인간의 주요화두로 떠오른 것이다.

이러한 트렌드에 좀더 민감해지자. 적극적으로 탐구하여 철저히 '나만의 방식'으로 따라잡아야 한다. 큰 투자를 하지 않더라도 주위의 소중한 이들에게 도움이 되는 서비스를 얼마든지 찾아낼 수 있다. 물질적인 향상이나 특별한 부가서비스 없이도 통찰력을 발휘하여 서비스의 품질을 얼마든지 개선시킬 수 있다.

뭉칠수록 얻는 게 많다

극히 일상적인 것을 남보다 앞서 하기만 해도 엄청난 가치를 창출할 수 있다. 행운을 불러들이는 지름길은 그룹을 만들어 이끄는 것이다. 그룹의 참가자가 많으면 많을수록 각 참가자에게 돌아가는 이득도 많다. 같은 취미를 가진 사람들이 모이는 네트워크를 이끌 수 있다면 금상첨화다.

에스터 다이슨이라는 사람은 별로 주목받지 못한 저널리스트였다. 그러나 하이테크 주식을 전문으로 취급하는 금융 애널리스트가 되더니 이어서 컴퓨터업계 통신지 발간에 참여했다. 그곳의 편집 책임자가 된 직후 그녀가 기사화했던 것은 당시로서는 작은 신진기업에 불과했던 마이크로소프트였다.

1983년, 그녀는 'PC 포럼'이라는 인터넷 모임의 주재자가 되었다. 이 포럼은 그녀가 인계받기 전에는 좀더 범위가 큰 산업회의의 일부분으로, 오후 시간대에 잠시 열리는 동호회 수준에 불과했지만, 이후 이 포럼은 독립하여 한해에 한번씩 성대한 모임을 가졌다. 이 자리에서 빌 게이츠Bill Gates나 미치 카포Mitch Kapor (로터스 1-2-3 소프트웨어 개발자) 같은 사람들이 당시 성장산업이었던 컴퓨터업계에 대해 치열한 토론을 나누었고, 다른 참가자들은 거래를 하거나 새로운 지식과 정보를 얻거나 혹은 신규 파트너와 출자자를 찾았다.

'PC 포럼'은 그 뒤로도 성장을 계속했고 에스터 다이슨도 컴퓨터와 인터넷의 가능성을 탐색하는 전문가가 되었다. 이것을 통해 개인보다는 그룹이나 네트워크에 소속되는 것이 현대인에게는 심리적인 안정이나 업무상의 전문지식을 얻는 데 큰 도움이 된다는 것을 알 수 있을 것이다.

우리도 이런 시대적 요구에 얼마든지 부응할 수 있다. 시대적 트렌드를 추구하는 동안 우리에게 소중한 사람들과의 관계 또한 강해지는 것이다.

06

능력에 대한 정당한 대가를 요구하라

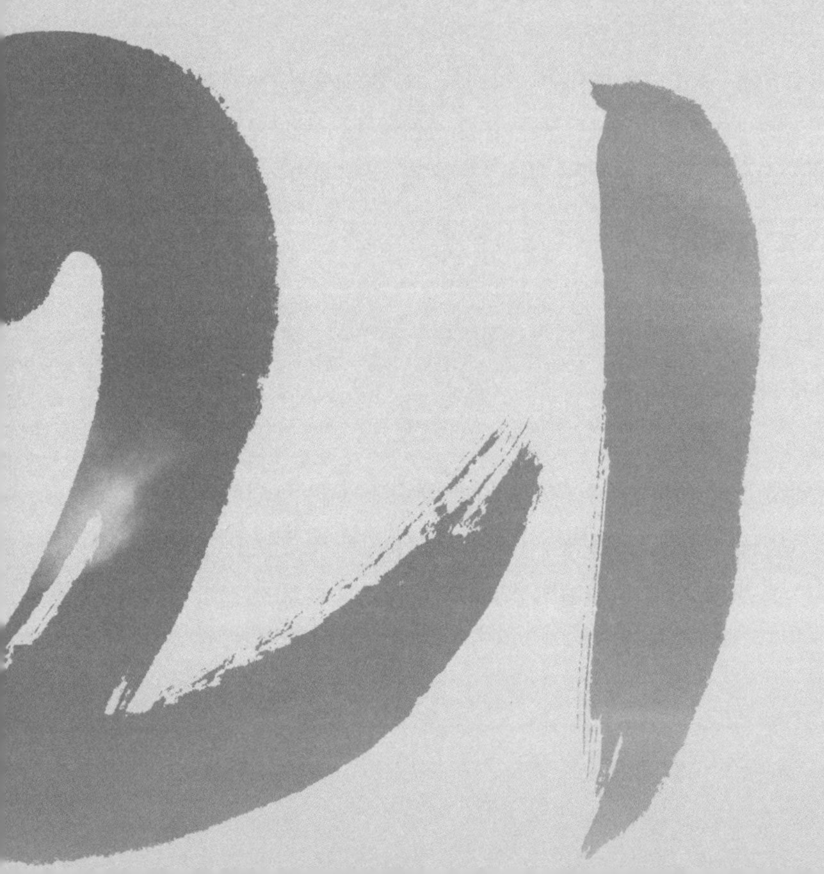

06

내 능력을 비싸게 팔라

나의 능력을 당당하게 팔라고? 이것도 '긍정의 습관'과 뭔가 관련이 있는 사항인가? 좋은 질문이다. 자신에게는 사람을 끌어들이는 매력이 도무지 없다고 생각하는 이들도 있지만, 사실은 몇 가지 행동을 통해 얼마든지 가능한 일이다. 먼저 씨를 뿌린다, 가치를 창출한다, 전달한다(강요가 아니라), 대응한다, 그리고 판매한다. 이것이 기본적인 행동과정이다. 그러나 중요한 것은 우리에게 매력이 있다면 인맥이나 기회는 저절로 찾아온다는 점이다.

앞에서도 말했지만, 나는 컴퓨터와 인터넷에 많은 관심을 가지고 있다. 그곳에는 새로운 커뮤니케이션 형태가 존재한다. 인터넷으로 어떤 사람과도 편리한 시간에 원하는 대로 연결할 수 있다. 비즈니스가 인터넷 세계로 진출하면 그만큼 자신의 능력을 무기로 성공하는 이들에게 기회를 많이 제공하게 된다.

정보가 소중하다는 것은 언제 어느 시대나 변함이 없지만, 앞으로 다가올 시대에는 정보 그 자체보다 그것을 정리하고 배열하여 새로운 형태로 제공할 수 있는 능력이 더욱 중요해진다. 네트(종합정보통신망)에서 성공을 거두는 사람은 남보다 독창적인 매력이 있다.

이제부터 자신의 엄청난 매력을 감지해가며 스스로를 판매하는 방법을 알아보자. 놀랄 만한 변화가 우리를 기다린다. 우리가 판매하는 것에 대한 확실한 자신감을 가질 수 있기 때문이다.

능력을 자신있게 판매하는 노하우!

탄소를 압축해 다이아몬드를 만들듯 하라

나는 내가 제공하는 상품이나 서비스에 대해 정확히 파악하고 있는가?

예를 들어 내과의사가 제공하는 서비스를, 진단, 치료, 다른 전문의사 소개, 흡연에 대한 경고, 투약, 예방처치 등일 것이다. 이때 환자에게 제공하는 서비스를 모두 완벽하게 파악하여 항상 환자를 위해 바로 대응하도록 준비하는 것이 가장 중요하다.

그리 간단하지는 않지만 큰 성과를 기대할 수 있는 연습법이 있다. 자신이 제공하는 것을 짧은 말로 집약하는 것이다. 이것은 상당한 집중력이 필요한 작업이므로, 처음에는 탄소덩어리를 압축하여 다이아몬드를 만드는 식으로 해보자. 이때 일반적이고 알기 쉽게, 독창적인 말로 집약하는 것이 중요하다. 자신의 인간성이나 능력을 확실한 말로 집약하는 것은 나의 사고방식, 나아가 나 자신을 판매할 수 있는 시장의 확대로 발전된다. 이를테면 학교 교사들이 '내 업무는 엔터테인먼트다'라는 사고방식을 가진다면 학생의 학습능력은 놀랄 만큼 향상될 것이다. 물론, 이런 경우에는 엔터테인먼트라고 해도 문화의 전달이나 의욕향상이 전제되어야 한다. 그러나 단순히 오락물만을 제공하는 엔터테이너가 있는가 하면 반대로 사람들의 지성을 자극하는 엔터테이너도 많다.

우리가 제공하는 상품을 명확하게 표현할 수 있다면 우리는 망설이지 않고 언제 어디서든 누구에게나 그것을 나눠줄 수 있다. 스스로 틀림없다고 믿는 것을 제공하기 때문에 나눠주는 일에서 큰 기쁨을 느낄 것이다. 우리가 제공하는 것은 말로 표현되면서 더 확실한 것이 되고, '밈(meme, 문화전달을 담당한다는 가공의 유전자. 밈의 작용 덕분에 인류는 뇌에서 뇌로 사상이나 이론과 같은 비물질적인 문화를 유전시켜갈 수 있다고 하는 R. 도킨즈의 조어 — 옮긴이)'의 자격으로 소비자에게 전달되는 것이다.

관심 있는 사람들을 빈손으로 보내지 마라

관심을 가져준 사람들에게 반드시 상품이나 서비스를 제공하려면 어떻게 해야 할까?

우리 코치대학을 예로 들어보자. 처음부터 2,995달러를 내고

2년간의 코치양성 과정에 등록하는 사람들도 있지만, 이 비용에 부담을 느끼는 사람들도 있다. 그런 사람들을 위해 코치대학에서는 295달러의 3개월 과정을 준비해두었다. 그래도 비싸다고? 그렇다면 59달러의 코치수업 테이프가 기다리고 있다. 그런데도 결정을 못하겠는가? 걱정하지 마시라! 무료전화 과정에 등록하면 된다. 코칭의 기초를 4주 동안 무료로 배울 수 있다. 그럴 시간이 없다는 사람에게는 '일간 코치' 무료배송 서비스가 있다. 이를 통해 매일 조금씩 코칭에 대해 공부할 수 있다. 구독기간은 무기한이다.

눈치가 빠른 사람은 이미 알았을 것이다. '이 정도라면 나도 살 수 있겠다'는 생각이 들 만한 상품을 반드시 준비해두는 것이다. 꼭 구매자에게 최상품을 구매하게 할 필요는 없다. 적당한 시기가 되면 대부분의 사람들이 좀더 좋은 것을 갖고 싶어하게 마련이다. 물론 최상품을 구매하는 고객이 많으면 말할 것도 없이 좋겠지만, 누구든 부담 없이 손을 내밀 수 있는 다양한 선택 조건을 구비해두면 기본 고객층이 형성된다. 이 기본 고객층이 우리 상품의 진가를 인정해주고 우리를 적극적으로 밀어주는 큰 힘이 된다.

어떤 사람의 요구에도 응할 수 있도록 다양한 종류의 상품을 준비해두고 가격 면에서도 선택의 폭이 넓게 구비해두자. 무료라도 좋다. 그리고 무료서비스를 받은 고객이라 해도 일단 관심을 가져준 고객에게는 혜택을 주도록 하자.

정열적으로 덤벼라, 자부심을 느낄 때까지~

파이낸셜 플래너로 일하던 시절에 나는 별로 경제적인 수익을 올리지 못했다. 왜냐하면 내가 하는 일을 진심으로 좋아할 수 없었기 때문이었다.

나는 그 일을 '세일즈맨 겸 주식 브로커'라고 생각했다. 그것 자체는 별문제가 없었지만, 내심 그 일이 별로 마음에 들지 않았고 자부심을 가질 수 없었다. 그래도 정열적으로 일을 하는 척하며 그럭저럭 해나갔다.

그러나 돌아보면 그런 시절이 있었기 때문에 코칭세계에 관심을 갖게 되었고 진심으로 자부심을 가질 수 있는 이 일에 뛰어들게 되었다. 가장 큰 변화는 코치라는 내 직업에 만족했으며 내가 노력해 고객에게 기쁨을 주고 거의 한번도 손해를 끼친 일이 없다는 점이다. 파이낸셜 플래너라는 직업을 거쳐 만나게 된 코칭이 내게 전혀 새로운 세계를 열어준 것이다.

만약 어떤 사람이 현재의 일에서 보람이나 자부심, 즐거움을 느끼지 못한다면 그가 가진 매력이 드러나는 것을 기대할 수 없다. 무언가 엄청난 변화가 필요하다. 혹은 현재의 일에서 자부심과 기쁨을 느낄 수 있을 때까지 최선을 다하여 '나는 이런 일을 하고 있다'라고 가슴을 내밀며 말해야 한다.

스스로 상품의 모델이 되어라

카렌 라이트는 코치경력이 아직 짧지만, 그녀를 곁에서 지켜보면 내가 막 코치를 시작했던 시절이 떠오르곤 한다. 그녀는 고객과의 관계에서 성공을 거둔 것은 물론, 훌륭한 친구들을 사귀었고 게다가 꿈속의 왕자님 같은 남성을 만나 결혼했다. 그런 변화가 그녀의 태도에도 그대로 드러나서 그녀를 만나는 사람마다 '당신처럼 되고 싶다'라며 코칭을 부탁했다. 카렌이 내게 보낸 편지를 인용해보겠다.

"지난 6개월간 내 고객이 된 여섯 사람은 나의 인품이나 생활 태도에 매력을 느끼고 나를 고용했습니다."

이를테면 광고 전문회사가 자기 회사를 홍보하기 위해 어설픈 광고를 내보낸다면 어떻게 되겠는가. 남의 인생을 성공으로 이끌어주어야 할 코치가 형편없는 삶을 살고 있다면 누가 그의 코치를 받으려고 하겠는가.

자신이 판매하는 것을 통해 스스로 큰 이익을 얻고 있다면 그것만으로도 '살아있는 광고'가 된다. 굳이 없는 돈을 들여 광고를 하고 다닐 필요가 없다. 행복한 자신의 모습을 솔직하게 보여주기만 하면 된다. 그러나 우리의 행복이 다른 이들의 눈에 띄지 않는다면 아무 소용이 없다. 그렇다면 어떻게 보여줄 것인가. 이 책을 읽어나가는 동안 그런 세일즈의 핵심을 저절로 깨닫게 될 것이다.

윤리를 중시하면 보너스가 따라온다

나는 고객들에게 광고를 해달라고 한번도 부탁한 적이 없다. 그런데도 고객들의 입소문을 통해 계속 나를 찾는 고객이 불어나고 있다. 왜 그런가? 그것은 은연중에 내 고객들에게 광고하도록 만들었기 때문이다. 생각만큼 어려운 일이 아니다. 누구나 할 수 있다.

나는 전에 담당했던 고객이 처했던 어려운 상황과 그 극복방법, 내가 해준 코칭에 대해 간단하게 얘기해주곤 한다. 물론 당사자의 개인적인 정보는 절대로 공개하지 않고 상세한 상황설명도 하지 않는다. 그보다는 그런 사례를 통해 알게 된 심리적 변화과정이나 가치관의 전환 등에 대해 소개한다. 누군가의 사생활보다는 코칭과정과 고객의 의식변화가 훨씬 더 중요한 것이다. 고객에 대한 비밀엄수는 내게 거의 철칙이다. 사적인 정보를 흘리는 것은 내 직업윤리에 위배되는 일이기 때문이다. 이런 사례를 들려주면 대부분의 고객들은 감동을 느끼고 내게 신뢰감을 갖는다. 일단 신뢰하면 그들은 주위사람들에게 나에 대해 소문을 내기 시작한다.

광고에서 윤리는 중요한 열쇠다. 내가 코칭을 예로 드는 것은 고객에게 자신의 내면을 직시하여 무엇이 필요한지 깨닫게 하고, 똑같은 문제를 극복한 사람이 있다는 것을 가르쳐주기 위해서다. 이렇게 정보를 제공하면 보너스가 되어 돌아오기 마련이다.

자신을 당당하게 팔 수 있는 단계에 이르면, 결국 무엇을 하든 '세일즈'라는 과정이 따라붙는다. 그러나 일부러 세일즈를 위해 시간을 쪼갤 필요는 없다. 모든 과정은 한번에 진행되어야 한다. 그래야만 광고 활동이 수월해진다.

가시 돋친 비난에는 확실하게 대응하라

가시 돋친 비난에 대해서는 대응할 필요가 없다고 생각하는 사람도 있다. 그러나 나는 다양한 대응책을 준비해두었다. 활통에 화살을 넉넉히 준비해두는 것처럼 내 직업에 대해 당당해지기 위해서는 예비적인 무기가 필요하기 때문이다. 이를테면 나의 경우 코칭 같은 것은 사기라고 비난하는 사람에게는 다음과 같은 질문을 던진다.

"그렇게 생각하십니까? 그렇다면 어째서 올림픽 금메달리스트들은 코치 덕분이라고 말하는 걸까요?"
"프로 스포츠 세계에서 능력 있는 코치들이 유명한 선수들과 대등하게 엄청난 보수를 받는 것은 왜일까요?"

코치를 고용하는 것은 캘리포니아(혹은 맨해튼)의 돈 많은 사람이나 하는 사치라고 비아냥거리는 사람에게는 이렇게 말해준다.

"그렇군요. 자신의 인생을 좀더 멋지게 개선하려는 마음이 없는 사람에게는 코칭이 전혀 도움이 되지 않겠지요."

내 코치료가 너무 비싸다고 말하는 사람에게는 반론 대신 깜짝 놀란 표정으로 장난스럽게 반문한다.

"코치료를 투자해서 엄청난 연봉을 받을 계획이 없으신가 보죠?"

이런 대응을 해본 적은 별로 없지만, 미리 준비해서 실제로 활용한 적도 있었다.

어떤 상품을 판매하든 처음에는 의심부터 하는 손님을 설득해야 하는 경우가 있게 마련이다. 개중에는 악의에 찬 험담을 하는 사람들도 있다. 갑옷을 두를 필요까지는 없지만, 확실하게 대응할 수 있도록 준비해두는 게 좋다.

그런데 세상에는 아무래도 남을 믿지 못하는 사람이 있다. 무엇이든 부정적으로 생각하는 사람은 자신의 판단조차 믿지 못한다. 그런 사람에게는 무리하게 강요하지 않는 것이 좋다. 결국 좋은 결과는 이끌어내지 못하고 자신의 체면만 깎일 뿐이다. 그보다는 좀더 매력적인 사람이 되도록 능력을 발휘하여 이성적이고 편견이 없는 고객들을 끌어들이도록 노력하는 편이 훨씬 낫다.

정보를 체계적으로 매뉴얼화하라

좋아하는 일만 하라고 한다면 나는 '모세관 시스템'에 영업을 모두 맡겨버리고 1시간에 400달러를 받는 코칭 일에 전념할 것이다.

모세관 시스템은 여러 장소를 이용하여 나라는 사람, 나라는 상품을 구매하여 얻을 수 있는 이익에 대한 정보를 제공한다. 그러면 모세관 시스템을 통해 미래의 고객들이 마치 액체가 관을 타고 내려오듯 스스로 내게 다가온다. 그들은 코칭에 어느정도 관심이 있고 정보를 쉽게 받아들일 수 있는 사람들이다. 일단 관심을 가진 사람들은 우리 코칭대학을 좀더 신중하게 검토해볼 수도 있으며 수강신청을 할 수도 있고 다른 데로 갈 수도 있다. 어떤 것이든 자유롭게 선택할 수 있다.

모세관 시스템 덕분에 나는 내 서비스를 판매하는 데 전혀 시간을 할애할 필요가 없다. 그러나 업무시간의 10퍼센트는 정보의 입력에 할당해야 한다. 약 2만5,000명의 구독자들에게 다양한 뉴스레터를 발행하고 한달에 몇차례 무료전화 강의를 통해 흥미 있는 과제에 대해 이야기한다. 이것은 판매가 아니라 연구개발의 형식을 취한다. 또 정기적으로 수십 개의 웹사이트에 정보를 새롭게 올리고 있다.

요컨대 나는 판매하는 일이 싫다. 무엇을 파는 일에는 전혀 흥미가 없다. 그러나 뭔가 정보를 원하는 사람들에게 그것을 제공하는 일에는 의욕이 생긴다. 모세관 시스템은 많은 사람에게 정보를 제공하여 끌어들이도록 도와주기 때문에 내게 꼭 필요하다. 내게 이메일이나 전화로 연락을 하는 사람들은 이미 나와 계약하거나 무언가를 살 마음이 있는 상태다.

인터넷의 정보력을 모르는 사람들에게 이런 방식은 냉정하게 느껴질지도 모른다. 그러나 이것은 정보를 폭넓게 전파하는 하나의 시스템에 지나지 않는다. 모든 사람은 자신의 입장에 따라 정보를 수용한다. 관심이 없다면 그냥 무시할 수도 있다. 현재로서는 텔레마케팅이나 네트워크 비즈니스보다 인터넷이 훨씬 편리한 세일즈 수단이다.

모세관 시스템의 가장 큰 이점은 많은 사람에게 이익을 줄 수 있기 때문에 거리낌없이 비용을 청구할 수 있다는 것이다. 내 경험에 따르면 내가 코치한 고객들은 자신이 지불한 비용의 최소한 열 배 이상의 경제적 이익을 올렸다. 그들은 모세관 시스템을 통해 나를 찾아왔을 때 이미 자신이 무엇을 원하는가를 파악하고 있었고 그래서 첫걸음부터 성큼 내딛으며 크게 발전할 수 있었다.

모세관 시스템에 들이는 10퍼센트의 시간 덕분에 나는 단순히 많은 고객을 확보하는 것뿐만 아니라 번거로운 사전 설명 없이 단번에 내가 가장 자신있는 단계로 고객들을 끌어들일 수 있다. 그것이 나를 훨씬 더 매력적인 인간으로 만들어준다.

때론 남의 부탁을 당당히 거절하라

에너지 효율이 높은 인생을 살아라

자신이 별 볼일 없는 인간이라고 여겨지는 일은 절대로 하지 말자.

전류가 장애 없이 흐르는 초전도체는 수많은 과학자를 매료시켰고 밤낮으로 그에 대한 연구가 이루어지고 있다. 초전도체에 대한 수수께끼가 모두 풀리는 날에는 장거리도 전기저항을 거의 받지 않고 전류를 보낼 수 있다. 그러면 막대한 전력을 절약할 수 있다. 저항이 적을수록 에너지 효율이 높고 이익도 크기 때문이다.

인간의 경우에도 마찬가지다. 자신을 초라하게 만드는 행동이나 습관에서 탈피해야 한다. 물론 유난히 자존심이 낮은 인간은 갖가지 요인이 장애가 되어 자신을 매력적이라고 생각하는 것 자체가 어려울 것이다.

그러나 일단 부딪쳐보면 풀리지 않을 문제는 결코 아니다. 게다가 우리가 희망하는 인생을 개척하기 위해서는 반드시 이러한 요인들을 없애야 한다. 매력적인 인간으로 새롭게 변화하기 위해서는 꼭 필요한 일이다.

단점을 용기 있게 없애나가면 자신이 자신의 발목을 잡는 일도 없어진다. 곤란한 일은 갈수록 줄어들고 수입은 갈수록 많아진다. 결국 상당한 수입을 거두게 되고 그때부터 '조금 편하게 지내볼까'라는 즐거운 선택도 가능하다. 선택의 자유를 거머쥐는 것이다.

현재에 집중하여 나만의 초전도 회로를 만들자. 먼저 스스로에게 질문을 던져보자. 엄격한 질문일지도 모르지만, 이 단계를 거치면 우리의 인생은 좀더 느긋하고도 매력적인 것이 된다.

첫번째로 던지는 질문은 이것이다.

종이를 꺼내놓고 전부 써보자. 막연하게 생각하고 있었던 것에 명확하게 정의를 내리면 세균에 소독약을 뿌리는 것과 똑같은 효과가 있다.

두번째로, 진지하게 생각해보자.

이렇게 생각해나가면 지금까지 자신도 모르는 사이에 엄청난 에너지와 돈을 쓸데없이 버렸다는 것, 그리고 그 원흉을 없애기만 하면 엄청나게 절약할 수 있다는 것을 깨닫게 된다.

세번째로 다음에 어떻게 할 것인가를 생각한다. 남들에게는 별다른 의미가 없지만 내게는 더할 나위 없이 특별하고 매력적인 일을 시작하는 것이다. 관습의 껍질을 깨고 낡은 관념에서 해방되어 나만의 새로운 가치관을 만드는 것이다. 우리에게는 그럴 권리가 있다.

마지막으로 좀더 생각해보자. 아무리 애써도 매력적으로 보이지 않는 것들을 내 것으로 바꾸는 것은 불가능한가?

철저한 자기관리로
내면을 단련시켜라

올바른 생활 습관에는 막대한 이자가 붙는다

여기저기 찌그러진 차를 도장하거나 벽에 금이 가고 목재가 썩어가는 집에 새로 칠을 하는 사람은 없을 것이다. 겉모습을 아무리 깨끗하게 해봤자 속의 내용물이 건전하지 않다면 쓸데없는 일이기 때문이다.

이런 측면에서 두 가지 중요한 점이 있다.

첫째로, 철저한 자기관리를 통해 매력적인 사람(나 자신에게도, 또한 나를 만나는 사람들에게도)이 된다. 철저한 자기관리란 자신이 가치 있는 존재라는 것을 인정하고 스스로 자신에게 적합한 대우를 하는 것이다. 내가 나를 정중하게 대접하면 주위사람들도 그것을 감지하고 의식적으로든 무의식적으로든 나의 생각을 존중해줄 것이다. 두번째 사항은 약간 미묘하다. 우리의 삶을 잠식하는 '해악_{害惡}'이란 상대적인 관념이다. 그러나 분명하게 증가하는 속성이 있다. 우리에게 해를 끼치는 일을 한번 해보았는데 아무런 피해가 없었다고 해서 안심하고 계속하다보면 그 악영향은 점점 커지게 된다.

그러나 자신을 정말 소중하게 여기면 몸도 마음도 전에 없이 민감해진다. 억수같이 많은 비가 내린 후에 흙탕물이 되었던 연못이 불순물이 서서히 가라앉으면서 다시 바닥까지 훤히 보이게 맑아지는 것과 마찬가지로 일단 조심하기 시작하면 자기자신이 점점 확실하게 보인다. 건강을 해치는 음식, 약한 자들끼리 서로의 상처를 보듬어주는 인간관계, 그런 모든 것과 손을 끊고 싶다는 강한 바람이 솟구친다. 나에게 좋지 않은 것을 언제까지나 계속하는 게 싫다는 생각이 드는 것이다.

나쁜 습관을 내내 버리지 못하면서도 아무렇지도 않다고 주장하는 사람도 있지만 이것은 단순한 환상에 지나지 않는다. 시간이 한창 지난 뒤에야 피해가 한꺼번에 나타나는 경우도 있다. 그때는 이미 돌이킬 수 없을 정도로 피해가 커져 생명을 단축하는 극단적인 형태로 나타난다. 끽연에 의한 폐암이 그 대표적인 예이다.

올바른 생활습관은 당장 눈에 보이는 변화를 가져오지는 않지만 은행에 저축한 것처럼 자꾸 이자가 쌓여간다.

이런 진실을 깊이 이해할수록 우리는 균형잡힌 강한 인간이 된다. 매사를 보는 눈이 바뀌고 자신을 속여가며 나쁜 습관대로 행동하는 것이 얼마나 어리석고 자멸적인 행위인지 깨닫는다.

이것을 염두에 두고 생활습관을 바꿔보자. 자기관리의 기준을 좀더 향상시켜가며 그때그때 자신의 상태를 파악하는 것이 중요하다.

나 자신의 기대에 부응한다

우리가 성장을 위해 결코 빠뜨려서는 안되는 과정이 있다. 주위사람들의 바람이나 기대에 응해야 한다는 생각을 버리는 것이다. 물론 주위사람들의 바람에 응하는 것은 바람직한 일이다. 가능한 예민하게 대응하는 것이 좋다. 그러나 그것이 발전하여 주위의 기대대로 행동해야 한다는 강박감이 생기면 삶의 즐거움을 느끼지 못한다. 이 차이는 대단히 크다. 많은 사람의 경우 이 부분이 생존본능과 연결되기 때문에 웬만해서는 스스로 깨닫지도 못한다. 끈기있게 자신의 내면을 들여다봐야 알 수 있다.

또한 남의 기대에만 부응하려는 노력을 멈추고 동시에 남에게 기대하는 일도 그만두어야 한다. 세상일은 서로 얽혀 있다. 내가 성장하고 싶다면 남의 성장을 도와주어야 한다.

내가 변화하게 되면 주위사람들의 독창성을 짓밟지 않는 이상적인 인간관계가 형성된다.

욕먹는 사람이 되어보라

한번 과감하게 주위사람들에게 욕을 먹는 사람이 돼보라. 성장하려면 낡은 족쇄를 끊어내야 한다. 처음에는 시행착오를 겪게 될 것이다. 그러나 낡은 가치관에서 담대하게 탈피하여 오랜 세월 나를 따라다니던 다음과 같은 이미지를 깨보자.

"자네는 정말 속 좋은 친구야."

"김부장님처럼 성실한 사람은 없을 거예요."

이런 사람은 사실 소심해서 남의 사정만 봐주며 세상과 타협하는 사람일 뿐이다.

얼마 전에 한 자동차 대리점 앞에서 '좋은 사람만 있는 대리점'이라는 광고문구를 보았다. 친절한 영업사원들이 성의 있게 상담에 응한다는 뜻에서 써 붙인 것이겠지만, 그 광고를 본 순간 나는 이런 생각이 들었다.

'모든 손님에게 항상 좋은 사람 노릇을 하자면 어지간히 힘들겠군.'

일단 속 좋은 사람, 착실한 사람이라는 이미지가 고정되면 거기에서 빠져나올 수 없다. 항상 수동적으로 그 가면을 쓰고 있을 수밖에 없다. 그렇게까지 하면서 '속 좋은 사람' '착실한 사람'이 될 필요가 있을까? 한번 진지하게 묻고 싶다. 원래부터 그렇게 속이 좋은가, 아니면 가면을 쓰고 있을 뿐인가? 좋은 사람이라는 이미지를 뒤집어쓰고 있으면 이익을 얻을 수 있는가?

뭔가 좀더 바람직한 삶의 방식이 있을 것이다.

어떻게든 남에게 좋은 사람으로 보이려고 애쓰는 데는 이유가 있다. 단 한번의 실수에도 낙오자가 되어 전도유망한 미래는커녕 과연 현재의 생활을 유지할 수 있을지조차 불투명해진다는 불안감 때문이다. 특히 여성의 경우에는 어릴 때부터 착하고, 순종적인 여자가 되도록 교육을 받아왔기 때문에 이런 경향이 강하다. 그러나 시대가 변했다. 착하고, 좋은 사람이라는 게 내 삶에 별로 도움이 되지 않는 평판으로 여겨지는 시대다.

그렇다고 무책임해지라든가 규칙이나 법을 어기라는 것은 아니지만, 일단은 마음이나마 편하게 살아야 할 게 아닌가. 일주일쯤 휴가를 내 꼭 하고 싶었던 일을 하자. 오늘밤만은 다이어트고 뭐고 다 잊어버리고 먹고 싶은 피자를 먹자. '꼭 해야 한다'는 강박감 때문에 일을 하지는 말자.

착한 사람, 좋은 사람이 못되더라도 내 마음이 뿌듯해진다면 그걸로 충분하지 않을까? 새로운 시선으로 나 자신을 직시하자. 인간적인 가치기준은 그대로지만, 내 마음이 이끄는 대로 날아갈 듯 가볍게 살자. 곧 다른 사람들에게 그리고 나 자신에게 '나는 자유다!'라고 선언하는 것이다.

스트레스에서 벗어나려면 일을 줄여라

지나치게 무리를 하다 스트레스가 쌓여 결국 실패하고 마는 사람이 적지 않다. 지나친 스트레스를 감당하면서 스스로 더욱 분발하여 더 큰 성과를 얻겠다는 마음 때문일 것이다. 어쩌면 그런 긴장감이 있어서 인생이 재미있다고 생각하는지도 모른다. 그러나 사실은 긴장감을 없애는 것이야말로 매너리즘에 빠진 일상에서 벗어나는 첫걸음이다.

조지는 여러 회사를 경영하는 40대 후반의 기업가다. 그러나 코치에게 상담을 요청하러 온 그에게는 전혀 성공을 거머쥔 사람의 모습은 찾을 수 없었다. 마음속에 불안이 가득 차 있었고, 간간이 농담을 섞어가며 이야기했지만 자신의 현재생활에 대해 만족하지 못하고 있음을 금방 알 수 있었다. 그의 상담내용은 이런 것이었다.

"어떻게 해야 사업에 바치는 내 열의를 현재 상태 그대로 유지할 수 있겠습니까? 또, 앞으로 분명 더 성장하게 될 텐데 그때는 어떻게 해야 합니까?"

밀려드는 업무를 정신없이 처리하느라 조지는 가족의 얼굴조차 제대로 볼 시간이 없는 상태였다. 마음속으로는 항상 '계속 이렇게 살 수는 없다. 어떻게든 상황을 바꾸어야 할 텐데'라는 생각을 하고 있었다. 바쁜 사업가들에게 으레 따라붙는 고민이었다. 내가 권한 방법은 사업체를 줄이라는 것 단 한가지였다. 그리고 이렇게 덧붙였다.

"사장님께서 변하실 필요는 없습니다. 전략을 바꾸면 되는 거지요."

이 권고에 대해 조지는 처음에는 거부감을 보였다. 기업가들이 곧잘 보이는 현상인데, 사업체를 줄이라는 말에 그는 마치 한마리 외로운 늑대가 된 듯한 기분을 느꼈던 것이다. 그는 이렇게 대꾸했다.

"차라리 다른 회사에 취직해 샐러리맨이 되라고 하시지요."

그의 비꼬는 대꾸에 나는 진지하게 대답했다.

"그것으로는 사장님은 결코 행복을 느끼지 못하십니다. 한두 달은 그럭저럭 참겠지만 세 달째에는 지겨워져서 사직서를 쓰고 말겠지요."

그는 결국 내 말을 이해해주었고, 나의 조언이 그의 성격을 정확히 꿰뚫은 것이라고 인정했다. 그후 조지는 회사를 세 개로 줄였다. 그로부터 넉 달 뒤, 스케줄에 여유가 생긴 그는 자신에 대해 곰곰이 생각해보는 시간을 가졌고 스스로를 소중히 여기게 되었다. 그리고 이제까지 자신에게 지나칠 정도로 엄격했기 때문에 미래의 고객들까지 떨어져나갔다는 것을 깨달았다. 그는 자신의 어리석음과 약함을 있는 그대로 인정하자 마음이 한없이 편해졌다. 조지 자신이 편한 사람으로 바뀌자 주위사람들과의 인간관계도 차츰 개선되었다.

스트레스가 과도한 사업방식을 과감하게 바꿈으로서 조지는 인간적이 되었고 늘 분노가 끓어오르던 생활에서도 벗어날 수 있었다.

현재의 내 생활을 돌아보고 자신에게 물어보자.

"내가 받는 스트레스나 실수는 누가 자초한 것인가?"

그리고 자신의 마음을 똑바로 인식하자. 매력적인 인간이 되기 위해서는 그런 인간이 되고 싶다는 마음을 진심으로 존중해야 하고, 거기에서 발생하는 에너지에 몸을 맡겨야 한다. 자신과 싸워 이기겠다거나 나의 매력을 빼앗는 내 안의 요소들과 싸우겠다는 공격적인 태도는 금물이다. 단지 열심히 그 에너지를 존중하고 파악하기만 하면 된다. 그러면 그것이 나를 반드시 매력적으로 만들어줄 것이다.

때론 남의 부탁을 당당히 거절하라

무턱대고 남의 부탁을 다 들어주는 이른바 '일꾼'이라는 별명이 붙은 사람이 있다. 그런 사람은 '되도록'이 아니라 '일체' 남의 부탁을 들어주지 않도록 각오를 단단히 하자! 일단 잘못된 습관에서 벗어나야 한다. 자기도 모르게 일을 떠맡는 사람은 자신의 그런 성격을 자각해야 한다. 일이 있으면 무조건 하고 보는 사람은 그런 습관부터 고치자.

미켈레 리젠버리는 대기업 운송회사에서 책임자로 일하는 여성이다. 일주일에 한번씩 갖는 업무회의에서 누군가가 자기에게는 버거운 일이니 도와달라고 부탁하는 사람이 있으면 그녀는 차마 거절하지 못하고 일단 해보자고 말하는 게 버릇이 되어버렸다. 회사 내의 동료들은 그녀를 믿음직한 사람, 어떤 일이든 잘 해내는 사람(실제 그랬다)으로 인식한다.

그러나 모든 업무에는 마감이 있다. 이해가 충돌하는 거래처들의 요구에 일일이 응하느라 그녀는 스트레스에 짓눌려 지칠 대로 지쳐 있었다.

나의 강의를 들은 미켈레는 자신이 빠진 상황에서 벗어나야겠다는 결심을 했다. 상황이 허락하는 한 '저는 못합니다'라고 똑똑히 대답하고, 일을 처리하는 데 시간이 얼마나 걸리겠느냐고 질문하면 머릿속에서 계산한 시간의 두 배로 대답했다.

얼마 지나지 않아 그녀는 자신이 전보다 훨씬 창의적인 업무를 하고 있다는 것을 깨달았다. 머릿속에 언뜻 떠오른 아이디어를 정리하고, 하고 싶은 업무를 먼저 할 여유도 생겨 훨씬 수준 높은 일을 해낼 수 있었다.

그녀가 남의 일을 해주지 않자 주위사람들도 그녀에게 기대지 않게 되었고, 뭔가 부탁하고 싶은 일이 생기더라도 반드시 부탁할 필요가 있는지 다시 한번 신중하게 생각해보게 되었다. 기대를 하지 않았던 만큼 모처럼 그녀가 부탁을 들어주면 전보다 훨씬 더 고마워했다. 그녀로서는 굉장한 발견이었다. 남의 부탁 때문에 어쩔 수 없이 하던 일보다 자신이 하고 싶은 일을 하는 편이 훨씬 즐겁고 보람도 있다는 것을 깨달은 것이다.

자기도 모르게 무리한 일을 떠맡는 습관을 버리면 정신적으로 해방감을 느낄 뿐만 아니라 자유로운 시간을 대량으로 비축할 수 있다.

주위의 시선보다 내 자신의 감을 믿어라

매사를 직관이나 감感에 따라 행동한다면 판단할 때 실수를 할지도 모른다. 그러나 제아무리 이론적이고 냉정하게 판단을 한다 해도 어차피 백퍼센트 정확한 해결책이란 있을 수 없다. 게다가 만일 이론대로 인생의 해답이 나온다면 삶은 그야말로 따분한 것이 되고 말 것이다. 냉철한 이론보다 스스로의 마음이나 감을 소중히 여기면 훨씬 더 재미있는 인생을 살 수 있다. 단지 이런 경우에는 자신의 내면에 넉넉하게 비축해둔 것이 있느냐 없느냐가 중요한 관건이다. 평소에 실수를 해도 좋을 만큼 비축해두자. 다음은 그 좋은 사례다.

조안은 길고 긴 실직자 생활을 보내면서 가끔씩 아르바이트만 계속하고 있었다. 그러던 어느날 이제 슬슬 본업인 세미나 사업을 재개해야겠다는 강한 의욕이 생겼다. 그러나 자신의 시간을 희생해가면서까지 아등바등 일할 마음은 없었다. 그녀는 공동경영자들의 반대를 무릅쓰고 대형 홀을 빌려 누구나 참가할 수 있는 무료 세미나를 개최하기로 했다.

"뭘 하든 내 마음이 이끌리는 대로 할 생각이에요. 이렇게 수준 높은 세미나라면 수강료를 많이 받아야 하지만 내 저금통장이 바닥날 때까지는 누구든 무료로 참가하게 해줄 작정이에요."

그녀는 눈을 반짝이며 이렇게 덧붙였다.

"세미나 장에 들어갈 때 분명 굉장히 기분이 좋을 거예요. 거기에 참가한 사람들은 모두 다 나에게 빚을 지는 거잖아요?"

내가 최고의 기분으로 가장 매력적이라고 생각하는 일을 하는데 주위에서는 괴짜라고 손가락질하는 경우가 있다. 그러나 남들이 뭐라고 하든 무슨 상관인가? 중요한 것은 내가 나 자신을 어떻게 생각하느냐다.

조안의 무료 세미나는 개최자인 그녀가 최고의 기분으로 즐기면서 강의를 한 덕분에 대호평을 받았고 널리 소개되었다. 요즘 그녀의 세미나 비즈니스는 연간 25만달러의 순이익을 올리고 있다.

자신의 직관을 믿으면 무언가를 배우는 속도도 훨씬 빨라진다. 나중에 집중적으로 다루겠지만, 매사에 즉각적으로 대응하는 습관을 들이면 우리의 인생은 훨씬 윤택해지며 기회를 최대한으로 살릴 수 있다.

무언가를 느꼈다면 곧바로 행동에 옮겨라! 현실적이냐 아니냐를 따지고 드는 것은 시간낭비다. 그런 것을 머리로 이리저리 따지다보면 어느새 시기를 놓쳐버린다. 항상 지금 이 순간에 충실하게 살자!

꿈이라고 다 좋은 건 아니다. 가까운 것부터 목표를 쪼개라

많은 사람이 꿈을 쫓고 있지만, 내 눈에는 꿈이나 희망, 목표, 가능성, 사랑, 환상, 등을 추구하며 살아가는 사람들이 전혀 매력이 없어 보인다. 모두 스스로를 쓸모없게 만드는 행위라고 생각하기 때문이다. 꿈을 추구하는 삶이 나름대로 안락할지는 모르지만, 대개는 성과 없이 끝나고 만다.

물론 꿈을 갖지 말라는 것은 아니다. 꿈을 쫓지 말라는 것도 아니다. 단지 꿈 쫓기를 한동안 중지하고 그 꿈(목표, 사람 등)을 진지하게 다시 되돌아보자는 것이다.

지금 자신의 꿈을 포기하면 어떤 이익이 있을지 생각해보았는가? 거기에 들이는 에너지를 다른 곳으로 돌릴 수는 없는가? 좀 더 장애물이 적은 길을 선택하면 많은 이익을 얻을 수 있다. 앞에서 설명한 초전도체를 떠올려보자. 에너지를 증대시키려면 기본적으로 두 가지 방법이 있다. 하나는 자신의 내면에 있는 장애물을 줄이는 것, 또 하나는 자신이 추구하는 꿈을 방해하는 장애물을 줄이는 것이다.

어차피 에너지를 쓴다면 가까운 목표부터 차례차례 손에 넣는 것이 먼 목표를 쫓아가다 결국 아무것도 손에 넣지 못하는 것보다 낫지 않을까? 에너지를 전부 다 써버리는 대신 착실하게 힘을 비축하여 한가지씩 목표를 달성해나가면 멀리 있던 목표도 한결 가깝게 다가오는 법이다.

내가 아닌 누군가가 되려고 노력하지 마라

지나치게 노력만 하다가 자신의 정체성을 잃는다면 이자는커녕

본전까지 까먹는 꼴이다. 어떤 목표를 이루기 위해 노력할 때, 우리의 머릿속에는 본래의 자신보다 뛰어난 다른 인간이 되고 싶다는 마음이 가득하다. 동경을 품는 것은 건전한 일이지만, 무턱대고 끝까지 해보려고 집착하는 것은 좋지 않다. 자기의 정체성을 그대로 유지하면서 성장하는 것도 얼마든지 가능하다. 그것이 최선의 길이다.

내가 아닌 다른 인간이 되려고 해서는 안된다. 그것은 미래가 아닌 과거에, 게다가 내가 아닌 다른 사람의 과거에 얽매인 삶이다. 전혀 새롭지 않은 삶이다. 내가 아닌 다른 사람이 되려는 노력을 멈추는 순간 나의 숨겨진 능력이 발휘되기 시작한다. 내가 어떤 인간인지 스스로 더 정확하게 이해하게 되고, 인생은 기쁨과 경이에 찬 것이 된다.

자신의 능력을 확실한 곳에서 발휘하라

어떤 문제든 척척 푸는 해결사가 되는 것도 좋지만, 문제가 전혀 없는 상태가 더욱 좋다. 문제가 전혀 없다는 것은 보람도 별로 없고 평범한 일상일 수도 있겠지만 사실은 훨씬 매력적이고 에너지 효율이 대단히 높은 삶이다.

코치대학 초창기에 만났던 고객 중에 스튜어트라는 잡지 편집자가 있었다. 그는 넓은 편집실에서 늘 화만 내는 여성 편집장과 함께 일하고 있었다. 편집부 직원들은 모두 이 편집장에게 영문도 모르고 혼난 적이 많았고, 스튜어트도 예외가 아니었다. 그러나 스튜어트만은 그녀의 화를 가라앉히고 적당히 분위기를 회복시키는 요령을 알고 있었다.

　그는 내심 어째서 그녀가 해고되지 않는지 그 이유가 궁금해서 견딜 수 없었는데, 어느날 문득 평소처럼 한바탕 당한 뒤에 그 수수께끼가 풀렸다. 자신이 완충역할을 해준 게 잘못이었다. 스튜어트가 번번이 그녀의 기분을 풀어주었기 때문에 윗사람은 굳이 그녀에게 손을 댈 필요가 없었던 것이다.

　스튜어트는 계속 그런 역할을 맡고 있기에는 자신의 재능이 너무 아깝다고 생각했다. 첫째로, 윗사람이 자신을 완충지대로 보고 있다는 것 자체가 자존심 상하는 일이었다. 그래서 그는 복도를 끼고 마주한 조그만 사무실로 옮겨 거기에서 일을 계속했다. 여전히 성실하게 일했지만 편집장의 화를 받아주는 일에서는 완전히 손을 뗐다.

　4개월도 채 안돼 편집장은 떠났고 스튜어트는 그 자리를 이어받았다. 그가 담당한 첫 호는 잡지계에서 대상을 받았다.

　문제를 해결하려고 노력하는 것은 훌륭한 일이다. 그러나 일단 문제해결의 ‘귀재’로 통하게 되면 그걸로 만사는 끝장이다. 사람들은 길게 줄을 서서 밀려들며 나의 독창성을 짓밟아버린다.

　자신의 능력을 좀더 바람직한 곳에서 발휘하자. 가장 장애물이 적은 길을 선택하는 것이 성장의 첫걸음이다.

08

거품을 걷어내라

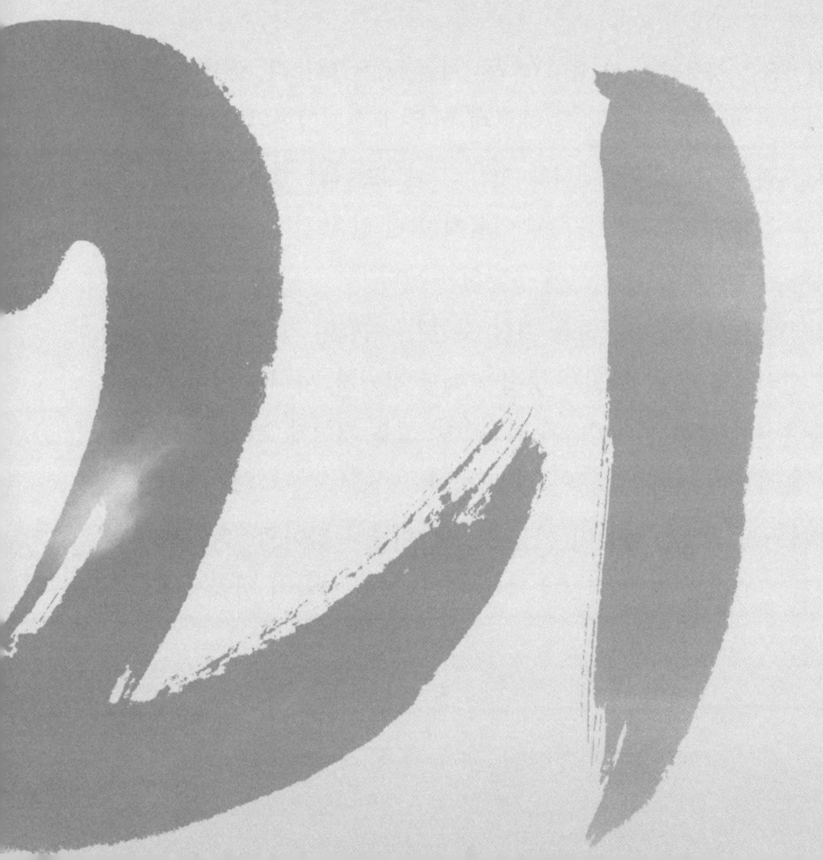

08

첫눈에 반하는 것에는
의심을 해보라

매력(마음을 사로잡는)과 유혹(혼란시키는 것)은 다르다. 어떤 일을 결정할 때, 둘 중의 무엇 때문에 마음이 움직였느냐에 따라 결과는 전혀 달라진다. 매력에 이끌려 선택했다면 성취감과 일체감을 얻을 수 있지만, 유혹에 이끌려 어떤 일을 결정하면 결국 후회와 뒤죽박죽이 된 현실에 부딪히게 된다.

실체와 허상 중 어느 쪽을 취할 것인가. 기쁨이 가득한, 진심으로 성취감을 얻을 수 있는 방법을 택할 것인가, 아니면 일시적인 흥분에 이끌려 선택했다가 공허함만 씹을 것인가. 자신의 감각에 물어보면 대답은 당장 나올 것이다.

즐거운 인생에는 마음이 이끌리지만, 이른바 라이프스타일은 우리를 유혹하는 요소가 많다. 이를테면, 어떤 사람이 시골생활을 시작했다고 하자. 도시생활에 질려 자연을 동경하고 있었고, 밤이면 베란다에 나가 하늘에 가득한 별을 바라보며 정신적으로 풍요로운 생활을 원했기 때문에 선택을 했는가? 아니면 우연히 눈에 띈 광고지에서 웨스턴 스타일의 모자를 눌러 쓰고 말을 탄 카우보이를 보고 첫눈에 반해서였는가? 전자라면 그 뒤 오랫동안 만족스럽게 삶을 살아갈 것이다. 그러나 후자라면 비전이 없다.

재산을 모두 털어 포르셰Porsche의 고급 스포츠카를 샀다고 하자. 그 이유가 원래부터 스포츠카 마니아이고 이 자동차야말로 자동차 역사상 가장 매력적인 스타일의 차라고 확신했기 때문인가, 아니면 아름다운 여자들을 유혹하기 위해서인가?

우리가 무언가를 결정할 때 기준이 되는 것이 진실된 바람인가, 아니면 허영심이나 분위기 때문인가를 생각해봐야 한다.

사회의 다양한 측면에서 라이프스타일을 따라가야 한다는 유혹이 점점 커지고 있고, 소비는 해도 마음이 충족되지 않는 혼란스러운 상황이 일어나고 있다.

나만의 스타일을 만들라

허황된 라이프스타일을 쫓지 마라

당신은 라이프스타일을 지키기 위해 일하는가, 아니면 인생 그 자체를 즐기며 사는가?

인생과 라이프스타일은 겹치는 부분이 있다. 스스로 선택한

삶이 그대로 라이프스타일이 된다면 가장 행복하고 경제적으로
도 무리가 없다. 그러나 남의 눈을 의식하여 라이프스타일을 선
택한다면 돈만 들 뿐 행복해질 수 없다.

인생과 라이프스타일의 차이는 사랑과 성욕의 차이와 비슷하
다. 양쪽이 균형 있게 관계를 맺는다면 커다란 기쁨을 얻을 수
있지만, 사랑과 성욕을 혼동하는 경우도 허다하다. 성욕은 위대
한 사랑의 종이 되기도 하고 때로는 그 반대로 사랑을 빼앗기도
한다. 그것을 결정하는 것은 직관적인 판단력이다. 똑같은 얘기
를 인생과 라이프스타일에도 적용할 수 있다. 이를 구분하는 열
쇠가 되는 것은 다음의 물음이다.

‘나는 라이프스타일을 유지하기 위해 인생을 낭비하고 있지
않은가?’ 말을 바꿔보자. 라이프스타일을 갖는 것은 나쁜 일이
아니다. 그러나 그것에 휘둘리는 것은 본말이 전도된 삶이다.

많은 사람이 부유하든 가난하든 이상적인 라이프스타일을 추
구하기 위해 쓰지 않아도 될 돈을 낭비하며 진짜 인생을 즐기지
못한다. 내가 코치한 고객들 중에도 그런 사람이 많았다.

그러나 대부분의 사람들은 자신이 멋져 보이는 라이프스타일
자체에 유혹당했다는 것을 인정하지 않는다.

우리 삶에서 쓸데없는 것들을 치워버리면 단순한 방정식이 보
인다. 라이프스타일이란 한마디로 남 보기에 그럴듯하게 꾸미거
나 물건에 집착하는 것과 같다. 허황된 라이프스타일을 쫓지 않
고 소비를 줄인다면 자유로워지며 몸과 마음에 여유가 생겨 훨
씬 더 풍요롭고 만족스러운 인생이 될 것이다.

새로운 것을 배우면 선택이 자유로워진다

참으로 많은 사람이 현재의 삶 이외의 인생을 거의 상상하지 못할 뿐더러 그런 가능성을 떠올리는 일조차 없다는 사실에 깜짝 놀라곤 한다.

주위를 잘 둘러보고 그중 특히 재미있는 인생(이런 때는 라이프스타일이라도 좋다!)을 살고 있는 사람을 찾아내 함께 점심식사를 해보자. 그 사람이 어떤 삶을 살고 있고 무엇을 가장 소중하게 여기는지, 이제까지 인생과 라이프스타일에 큰 변화가 있었는지, 앞으로 어떤 것을 변화시킬 계획인지 등의 얘기들을 들어보자.

인생이나 라이프스타일을 바꾸려고 하면 마치 친한 동료들을 배신하는 듯한 기분이 들지도 모른다. 그들에게 중요한 것(이를테면 매일 밤 술을 마시며 잡담을 나눈다든가, 유명 브랜드 제품을 쇼핑한다든가, 정해진 음악 외에는 듣지 않는다든가, 실내 골프를 좋아한다든가)을 부정하는 듯한 생각에 미안함을 느끼는 것이다. 그러나 진정한 친구라면 내가 스스로의 가능성을 시험해보고 발견하여 새롭게 변하는 것을 적극 격려해줄 것이다.

질투심이 강한 사람들과 만나면 심신이 피곤해질 뿐이다. 그런 사람들에게 신경 쓰지 말고 용기 있게 자신의 정체성을 찾아나서라. 결과는 나 자신에게 보고하면 된다. 새로운 것을 배우면 그만큼 자유로워진다.

독창성과 자유가 존중되는 시대가 왔다

세계 곳곳을 다 돌아다녀봐도 미국인만큼 개인주의가 강한 국민도 없다. 개인주의란 자신이 하고 싶은 일을 하고 남들이 뭘 하든 상관하지 않는다는 사고방식이다. '나는 내 길을 간다'는 경향은 지금도 계속되고 있고 점점더 강해지는 추세다. 개인주의는 그 모색기라고 할 수 있는 1960년대에는 낡은 습관에 대한 반항이나 남과는 다른 행동 등 다양한 의미로 받아들여졌지만, 요즘에는 더욱 세련된 문화형태로 사회에 정착되고 있다.

현재로서는 다양한 도구나 첨단기술이 이런 경향을 받쳐주고 있지만, 이러한 기술의 발달은 이를 능숙하게 활용할 줄 아는 사람만 이익을 챙기는 사회구조를 만들고 있다.

독창성과 자유가 존중되는 반면 전형적이고 모범적인 사람은 오히려 경멸을 받는 시대다. 사회적으로나 문화적으로 우리가 생각하는 것보다 훨씬 더 자유롭게 자신을 파악하고 자신에게 맞는 삶을 선택할 수 있는 시대가 왔다. 주위를 돌아보라. 전형적이고 모범적인 것이 스스로에게 맞다고 생각하는 사람은 별로 많지 않다.

분수를 넘어서는 라이프스타일에 끌려다니지 마라

공포영화 '키 라고Key Largo'의 끔찍한 악당 조니 로코Johnny Rocco는 무엇 때문에 그렇게 흉악한 짓을 계속하느냐는 질문에 이렇게 대답한다.

"'좀더' 때문이지!"

밀려드는 광고의 물결은 내면에 조니 로코와 똑같은 부분을 지닌 우리들을 끊임없이 '좀더' 갖고 싶은 욕망 속으로 몰아넣는다. 무언가를 소유하고자 하는 심리 자체는 자연스러운 것이다. 그러나 인생 자체보다 라이프스타일을 우선하는 것은 물질적으로 풍요로워져도 스스로는 전혀 변하지 않은 채 그런 척 연기하는 것에 불과하다.

최고급 신형 자동차, 상상할 수 없을 정도로 비싼 저택(장기불입금도 엄청난 액수였다)을 가졌고, 사랑스러운 아이들도 있었다. 변호사인 그는 개성이 강한 사람이었지만, 스스로는 자신이 어떤 인간인지 잘 모르고 있었다.

그와 그의 아내는 최고급 물건을 사들이는 데 필사적이었다. 그것을 인생에 대한 비축이라고 생각한 것이다. 그러나 비축이란 마음의 여유지 물질적인 것이 아니다. 이런 라이프스타일에 위화감을 느끼면서도 그는 더욱 쇼핑에 열중하여 현실을 외면하려고 했다. 근본적으로 변할 마음도 없었다. 그러나 이윽고 변하지 않을 수 없는 때가 찾아왔다.

첫번째 상담에서 그는 이렇게 말했다.

"현재 수입보다 50퍼센트 정도 더 늘려야 합니다. 아내에게서 이혼 얘기가 나오고 있고, 아이들 문제도 있죠. 지금도 금전적으로 전혀 여유가 없는 상태입니다."

"수입을 늘리는 것도 좋지만, 라이프스타일을 조금 바꾸면 어떨까요?"

"그것은 안됩니다."

그는 당장 반대했다. 아이들이 사립학교에 다니고 있고 현재의 생활을 유지하려면 이 정도의 돈이 든다고 이런저런 이유들을 댔다.

몇달 후에 그의 연봉은 두 배로 불어났고 이윽고 세 배까지 늘어났지만, 문제는 더더욱 악화되었다. 돈을 벌면 벌수록 거기에 걸맞는 물건을 손에 넣으려고 했다. 돈을 후하게 쓴 덕분에 새로운 연인도 생겼지만, 그 연인 또한 돈을 헤프게 쓰는 여성이었다.

이런 사람을 파이낸션 플래너들은 '지출성향'이라고 표현한다. 수입이 상당한 수준에 이르러도 지출을 따라잡지 못하는 경우를 말한다. 이런 사람은 라이프스타일의 근본적인 문제를 해결하지 않는 한 곤란한 사태를 자초하고 만다.

화려한 생활을 즐기는 것도 좋지만, 그것은 부유한 생활을 유지할 수 있는 시간과 마음의 여유가 있을 때, 활력이 고갈될 걱정이 없을 때 가능하다. 대부분의 사람들은 인생의 여유를 확보하지 않은 채 즐기려고만 들기 때문에 애써 얻은 라이프스타일조차 제대로 즐기지 못한다. 많이 가지면 가질수록 가난해지는 것이다.

제대로 저축도 하지 않고 돈이 오른쪽으로 들어와 왼쪽으로 흘러나가는 식의 생활은 비경제적인 라이프스타일이다. 그 진흙탕에서 빠져나오지 않는 한 그런 생활을 유지하기 위해 계속 일해야 하고 자신이 하고 싶은 일을 새롭게 시작하는 것은 불가능하다. 라이프스타일 자체가 나쁜 것은 아니지만, 그것 때문에 돈을 계속 소비하는 사람은 자신이 원하는 성공이나 꿈을 이룩하기까지 상당한 시간을 낭비하는 셈이다.

빨리 성공하기 위해서는 새로운 사고방식이나 일, 라이프스타일을 시험해볼 수 있는 충분한 시간과 공간의 비축이 필요하다. 겉보기에는 호화로워도 내실이 없는 생활을 하면, 새로운 시도를 하는 것이 불가능할 뿐만 아니라 인간적인 매력도 잃고 만다. 라이프스타일은 사람을 미망에 빠지게 하지만, 인간적인 매력을 가진 사람은 주위사람들을 끌어들인다. 행복한 인간이 되고 싶은가, 아니면 잘못된 라이프스타일의 표본이 되고 싶은가?

비축이 넉넉한 사람은 부유한 라이프스타일을 즐겨도 된다. 그렇지 않은 사람이라면 생활을 단순하게 만들어나가자.

형식적인 만남은 돈낭비, 시간낭비다

라이프스타일에는 연극과도 같은 요소가 있다. 등장인물이 자주 바뀌고, 무대설정도 뒤바뀐다. 라이프스타일을 유지하는 데 급급한 사람일 경우에는 조연배우와 단역까지 등장과 퇴장을 반복한다.

우리에게 가장 소중한 사람이 누구이고 스쳐지나가는 사람이 누구인지 확실하게 구별할 필요가 있다. 형식적인 만남을 거듭할수록 돈과 시간만 들기 때문이다.

거듭 말하지만 호화로운 라이프스타일 자체가 나쁘다는 것은 아니다. 우리에게 기쁨과 활력을 주는 사람과, 반대로 쾌락과 임시방편의 도움만 주는 사람을 구별해야 한다.

예전의 나에 집착하지 마라

내 고객들을 보면 대부분 상당한 위험(금전적인 문제나 이혼, 질병 등)에 직면하지 않는 한 라이프스타일을 바꾸려고 하지 않는다.

그런 사람들은 상당한 노력을 하는데도 매력적으로 변하지 못한다. 당사자들은 왜 코치대학에서 광고한 만큼의 효과가 나타나지 않느냐고 말하며 실망감을 드러낸다.

무슨 이유 때문인가? 그들이 겉치레를 벗어버리지 못하기 때문이다. 게다가 그런 사람들은 대부분 라이프스타일의 규모를 축소하라고 해도 호주로 가기로 한 여행을 카리브해로 바꾸거나, 비행기 좌석을 퍼스트 클래스 대신 비즈니스 클래스로, 자동차를 최고급에서 한 단계 낮은 고급으로 바꿀 뿐이다.

거듭 말하지만, 나는 사치를 적으로 몰아붙일 마음은 전혀 없다. 나 또한 충분히 사치스러운 생활을 하고 있다. 그러나 내 라이프스타일은 나 스스로 인생을 즐기기 위해 자유롭게 선택한 것이고, 경제적으로 필요하다면 언제라도 축소할 수 있다.

물욕을 모두 버리고 머리를 박박 밀고 탁발에 나서라는 게 아니다. 금욕을 할 필요는 없다. 그러나 내 라이프스타일이 참된 나를 억압한다면 그것은 인생에 전혀 도움이 되지 않는다.

… 경쟁대열에서 빠져나와도 기회는 얼마든지 있다!

지금 바로 치열한 경쟁을 그만둔다면 어떻게 될까? 그러면 인생은 어떻게 호전될까? 지금까지의 상황에서 무엇이 바뀔까? 최악의 경우를 상정한다면 무엇일까? 잃는 것은 무엇일까? 또, 인간적으로는 어떤 변화가 있을까? 시간을 어떻게 써야 하는가? 지금까지와는 전혀 다른 방향에서 처음부터 재출발해야 하는 것인가? 어떤 목표를 버려야 하는 것은 아닐까? 나 자신에게 어떻게 의욕을 불어넣을 것인가? 아니, 의욕을 불어넣을 필요가 있는 것일까?

위의 질문들을 스스로에게 던져보자. 대답은 저마다 다를 것이다. 현재의 기반을 모두 없애라는 게 아니다. 단지 위의 질문들을 갖고 진지하게 고민하다보면 지금까지 생각해본 적 없었던 새로운 사실들을 하나 둘 깨닫게 될 것이다. 불안해질 수도 있겠지만, 동시에 무한한 가능성도 부각될 것이다.

'할 수 있다'는 생각은 근육과 마찬가지로 연마할수록 점점더 강해진다. 가능성을 믿는 마음이 강해질수록 눈앞에 있는 기회가 선명하게 보이는 법이다.

09

항상 프로처럼 일하라

09

유능한 사람의 비밀

기대치를 낮추라

"기대이상의 일을 하라고? 지금 하는 일만 해도 너무 많아서 죽을 지경인데?"

그렇게 반문하는 사람들이 있을 것이다. 그런 사람들에게 묻고 싶은 말이 있다. 어째서 '죽을 지경'으로 일을 떠맡고 있는가? 인정받기 위해서?

흥미로운 것은 현재 맡고 있는 일을 대폭 줄이면 잠재능력을 발휘할 수 있어서 결과적으로 높은 평가를 받을 수 있다는 사실이다. 과중한 일에서 벗어나야 자신의 숨겨진 재능을 발굴하여 업무에 활용할 수 있기 때문이다.

이상적인 이야기로 들릴지는 모르지만 이것은 사실이다. 특히 현대는 비즈니스 환경이 급격하게 변하고 있어서 각 기업의 정리해고 바람에도 불구하고 무한한 가능성을 지닌 인터넷 비즈니스 분야는 점점 확대되고 있다. 프리랜서나 개인사업가로 활약하려는 사람들이 계속 증가하는 추세여서 신용이 이전보다 점점 더 중요한 문제로 부각되고 있다. 정보가 순식간에 전달되기 때문에 좋은 평가를 받는 것이 성공으로 가는 계단을 단숨에 뛰어오르는 기회가 되는 것이다.

열쇠는 '기대치'를 낮추는 것이다. 곧, 내가 맡은 일에 대한 기대감과 실제로 해낸 일의 차이를 크게 벌리는 것이다. 기대가 낮으면 낮을수록 그만큼 고객은 일의 높은 성과에 깊은 감명을 받는다. 이런 식으로 우리가 해낸 일에 만족한 고객들은 우리를 높게 평가하고 자진해서 다른 사람들에게 광고해준다.

기대이상의 실적을 거두는 방법

일을 적게 맡고 많이 제공하라

일을 받아들일 때는 되도록 자신이 생각하는 양보다 낮추어라. 고객의 요구보다 낮춰도 좋다. 가능한 기대하지 않게 하는 것이 요령이다. 그렇게 하면 스스로 조절해서 성과를 올릴 수 있는 폭이 넓어진다.

앞서 말했던 미켈레의 경우를 생각해보자. 그녀는 큰 운송회사에 다녔는데, 너무 많은 일을 혼자 떠맡는 바람에 엄청난 스트레스를 받았다. 그녀는 자신이 할 수 있는 일의 양을 대폭 줄이자마자 곧바로 스트레스에서 벗어났고 전보다 훨씬 어려운 업무를 해냈다. 게다가 사소한 일을 해주면서 감사인사까지 받았다.

맡는 일을 줄이는 것이 좋은 이유는 그밖에도 많다. 결과에 대해 부풀려서 장담하지 않으면 고객도 결과에 대해 환상을 갖지 않기 때문에 훨씬 높은 성과를 거둘 수 있다. 독창적인 아이디어를 내놓을 수 있는 여유가 생겨 고객이 예상하지도 않았던 훌륭한 결과까지 제공해주기 때문이다.

고객이 꼭 일정한 결과만을 바라는 것은 아니다. 처음부터 모든 상황에 대해 정확하게 말할 필요는 없다. 그러나 고객이 돈을 지불한 만큼의 결과는 보여주어야 한다. 더 나아가 덤까지 얹어주어야 하는 것이다.

약속을 줄여야 내 시간이 생긴다!

스케줄 수첩에 약속이 빽빽하게 적혀 있고 그것을 지키느라 항상 바쁜가? 만일 그렇다면 무엇 때문인가? 그 외에 다른 방법은 없는 것일까?

반강제적으로 마감약속을 해두지 않으면 의욕이 생기지 않는다는 사람, 혹은 일의 가닥을 못 잡겠다는 사람도 있다. 확실하게 결정하고 마감날짜를 정해두면 그때까지 끝내야 한다는 생각에 일이 순조롭게 진행된다는 것이다.

약속을 지키는 것은 물론 중요하다. 그러나 약속을 신중하게 생각할수록 남발해서는 안된다. 마구잡이로 약속해버리는 버릇 때문에 그것을 지키는 데 고생을 하는 사람이 많다.

내가 예전에 만났던 고객들은 모두 나의 말에 의지했다. 나와 고객 사이에 일종의 의존관계가 형성되었던 것이다. 생리적으로 구속되는 것에 거부감을 갖고 있었던 나는 그것이 고통스러워 견딜 수가 없었다. 마침내 약속을 전혀 하지 않자 부담감이 사라지면서 삶이 편안해졌다.

직업을 가진 사람이 약속을 전혀 하지 않는다는 것은 불가능하겠지만, 최소한으로 약속을 줄이려고 노력하면 마음의 여유와 자유를 만끽하고 스스로의 발전을 위해 노력할 수 있다.

약속에 대해 다시 생각해보자. 정말 약속할 필요가 있는 건가? 마감날짜를 정하는 것 외에 좀더 좋은 방법은 없는가? 뭔가 우리의 매력을 확실하게 드러낼 수 있는 다른 방법은 없을까? 약속을 하기 전에 반드시 앞의 질문을 스스로에게 해보자.

뭐, 약속에 얽매이지 않으면 일에 집중할 수 있다고? Yes

일을 완료한 순간의 성취감이 좋아서 일을 하는 사람이 있는가 하면, 일을 처리하는 과정과 성취하는 기쁨을 둘 다 즐길 줄 아는 사람도 있다. 잠시 생각해보자. 일단 일을 맡으면 그 일을 할 의욕은 어디에서 생기는가? 또, 일을 마칠 때까지 어떤 심리상태로 일하는가?

우리는 고객을 놓칠지도 모른다는 불안감 때문에 항상 자신의
능력에 넘치는 약속을 하고, 그 결과 싫어도 필사적으로 일할 수
밖에 없는 상황을 만든다. 이런 방식은 자신에게도 고객에게도
손해다. 그 이유는 다음의 내용을 통해 알 수 있다.

생산성을 높이려면, 아낌없이 주고 자극받아라

자신이 좋아하는 분야의 일을 아낌없이 제공하자. 단순히 고객
의 의뢰에 맞추는 게 아니라 그것을 뛰어넘는 일을 하는 것이다.

내가 좋아하는 일을 고객에게 아낌없이 제공한다는 생각으로
한다면 생산성은 자연히 오른다. 기술이 눈에 띄게 향상되고 결
과적으로 고객도 이익을 얻게 된다. 큰 일거리가 들어오기를 기
다리는 게 아니라 스스로 능력 있는 일꾼이 되는 것이다. 그러면
일하는 쪽과 고객 모두 단순히 자신들의 욕구를 채우는 선에 머
물지 않고 함께 발전하게 된다. 서로 간에 신뢰감이 두터워져서
추진력이 생기고 서로를 자극하는 관계가 형성된다. 그렇게 되
면 좀더 높은 수준의 일을 요청하는 고객을 끌어들이는 것도 가
능하다.

앞에서도 말했지만, 고객의 의뢰는 일의 출발점에 지나지 않
는다. 일을 맡은 사람과 고객이 함께 이익을 얻을 수 있도록 일
에 전념하자. 똑같은 상품을 줄줄이 만들어내는 기계가 되어서
는 안된다. 일과 고객으로부터 자극을 받아야 한다. 일을 하면서
스스로가 성숙하게 변화해야 한다.

이와 별도로, 단순히 고객의 기대를 뛰어넘는 결과를 제공하는
게 아니라 전혀 기대하지 않았던 것까지 덧붙여주어야 한다. 이

를테면 사과를 열 개 산 고객에게 사과 한 개를 덤으로 주는 대신 오렌지 한 개를 얹어주는 것이다. 사과를 원하던 고객에게 오렌지는 뜻밖의 선물이다. 그렇다고 사과 숫자를 줄이는 것은 물론 안된다.

고객은 덤으로 받은 오렌지를 보고 좀더 사고 싶은 마음이 들 수도 있다. 결국 우리가 할 수 있는 일의 폭이 훨씬 더 넓어진다.

강매보다는 정보를 제공하라

이것은 덤을 얹어주거나 양적이나 질적으로 기대이상의 일을 제공하는 것과는 조금 다르다.

어떤 상품이나 서비스를 제공하기 위해 일을 진행하는 과정에서 고객이나 상품, 서비스, 혹은 고객의 상황과 관련하여 무언가 예상 밖의 일이 일어나는 경우가 있다. 그런 경우는 그것이 의뢰받은 일과 직접적인 관련이 없더라도 반드시 고객에게 가장 먼저 알려라.

우연한 발견이 새로운 일거리로 연결될 가능성도 있다. 그뿐인가, 고객의 입장에서는 새로운 발견이 먼저 의뢰한 일보다 훨씬 더 중요한 사안인 경우도 있다. 이런 다양한 정보가 때로는 큰 공을 세운다.

단, 강매는 절대 금물이다. 자연스럽게 권하는 선에서 그쳐야 한다. 그것을 받아들이느냐 마느냐는 상대방이 결정할 문제다. 먼저 이쪽의 제안을 진지하게 생각해본 뒤에 결정하는 신중한 고객도 많다. 일단 정보는 주더라도 강매를 해서는 안된다.

마감이나 정해진 틀의 부작용에 주의하라

나는 얽매이는 것을 굉장히 싫어한다. 마감이나 정해진 틀이 있으면 일의 능률이 오른다는 것은 상식이지만, 나는 그런 방식이 오히려 소모적이며 성과는 별로 없다는 것을 깨달았다. 자신의 업무에 심한 스트레스를 느끼면서 일한다면 아무리 노력해도 독창적인 아이디어가 나올 수 없다. 평범한 잡무수준의 일을 하거나, 혹은 이런저런 실수를 저지르게 될 게 뻔하다. 그렇게 해서 사람들을 감동시킬 훌륭한 일을 한다는 것은 불가능하다.

농구 게임을 머릿속에 그려보자. 종반에 두세 점을 잃은 팀은 아차 하는 사이에 십 점이 넘는 큰 점수 차이로 지는 경우가 많다. 마찬가지로 스트레스를 받으면 당장 어려운 상황만 모면하려는 생각에 쉽게 결정을 내리고 실점을 거듭하게 된다.

승리를 목표로 시합을 하는 것이 점수 차이를 좁히기 위해 싸우는 것보다 훨씬 즐겁다. 승리를 확실하게 거머쥐려면 되도록 약속 따위는 하지 말자.

친절을 베풀고 생색내지 말라

유타주에 살던 무렵 몰몬교회의 텔레비전광고 중에 이 이야기에 딱 맞는 내용이 있었다. 한 노인부부만 사는 집 정원의 잔디를 옆집 사람이 이러쿵저러쿵 물어보지 않고 그냥 깎아준다는 광고다.

"제가 깎아드릴까요?"라고 미리 물어볼 것 없이 그냥 묵묵히 잔디를 깎아준다는 것이다.

남에게 해주고 싶은 일을 아무 말 없이 해주기, 이렇게 하면 대단히 창조적인 일을 할 수 있다. 물론 오지랖 넓다는 소리를 들을 수도 있지만, 대부분의 사람들은 생각지도 않았던 일을 해주면 무척 고마워할 것이다. 게다가 미리 도와주겠다는 약속을 한 것도 아니기 때문에 마감이나 규칙도 없다. 그냥 내가 해주고 싶은 일을 하면 되는 것이다.

좋은 일은 무심코 하라

이것은 이미 깨달음의 경지라고 해도 좋다. 여기에 도달하면 참된 즐거움을 얻을 수 있다.

예를 들면 앞에서 말한 항목들을 실행하기 위해서는 넉넉한 비축만으로는 부족하다. 여유만만하게, 최상의 기분으로 일을 진행할 수 있도록, 상품이나 서비스와 일체가 되어 제공할 수 있을 정도의 비축을 하는 게 이상적이다. 이것이 가능하면 누구라도 우리에게 일거리를 주고 싶어할 것이다.

내 안의 에너지 버스를 믿어라

10

뒤쫓기보다 끌어들여라

'긍정의 습관'의 핵심은 사람이나 기회를 비롯하여 내게 소중한 것들을 뒤쫓아 붙잡는 게 아니라 내 쪽으로 끌어들인다는 것이다. 허둥지둥 뒤쫓지 않고 내게로 끌어들이려면 어떻게 해야 할까?

물리학 용어로 말하자면 스스로를 자석 혹은 일종의 진공 상태로 만들면 된다. 둘 다 훌륭한 방법이므로 상황에 따라 '이것이다!'라고 느낀 쪽을 선택하면 된다.

무엇인가를 끌어들인다고 하면 곧바로 자석이 머리에 떠오르지만, 여기에서는 먼저 진공이 가진 견인력에 대해 생각해보기로 하자.

노력만으로 내 안의 에너지가 집중되는 건 아니다

능동적 상황에 몸을 맡겨라

지금 유럽의 소형차는 대부분 앞바퀴를 돌려서 주행하도록 한 전륜구동이다. 뒤에서 미는 힘으로 전진하는 것보다 엔진효율이 훨씬 뛰어나고, 동력전달계의 손실도 대폭 줄일 수 있기 때문이다. 그런데 자동차만 그런 게 아니다. 어떤 일이나 앞에서 당기는 게 뒤에서 미는 것보다 훨씬 효율적이다.

마찬가지로 나에게 주어진 과제를 억지로 처리하는 것보다 비전을 가지고 능동적으로 일을 하거나, 혹은 불안감 때문이 아니라 내부의 자극에 의해 스스로 의욕적으로 일하면 훨씬 높은 성과를 거둘 수 있다.

물론 자신을 격려해가며 필사적으로 노력하여 일을 진행해나갈 수도 있고, 실제로 많은 사람이 그런 방식으로 성공을 거두었다. 그러나 이 방법은 에너지 소모가 심하여 마지막에는 소진되어버리기 쉽다.

일반적으로는 앞에서 당겨주는 게 미는 것보다 편하다. 인생에서도 그런 상황이 자연스럽게 일어나기도 한다. 에너지가 전부 집중되면서 무엇이든 할 수 있을 것 같은 기분이 들 때가 있다. 그럴 때는 그 기세에 몸을 맡기자. 자신을 억지로 채찍질하며 전진할 필요는 없다. 얼마 전에 이런 말을 들은 적이 있다.

"나는 성인이 된 이후로, 지금 이 순간을 충실히 살기 위해 항상 노력해왔어요. 책도 많이 읽었고 심리치료도 받아가며 그저 열심히 노력만 했죠. 그러다 바로 몇달 전에 깨달았어요. 뭐야, 노력하기를 그만두면 만사형통이잖아? 드디어 해결책을 깨달은 거예요. 그날 이후 일의 효율도 훨씬 높아졌고, 따져보니 이전보다 더 열심히 일을 하고 있었어요. 그러나 결코 노력은 하지 않습니다. 제 인생은 변했어요.”

이 같은 견인력을 '에너지의 흐름'이라고 부르기도 한다. 부분적으로는 맞는 말이지만 여기에서 말하는 견인력이란 그것을 초월하는 힘이다.

목표에 얽매이지 말고, 비전을 가져라

뭔가 달성해야 할 목표를 정하면 그것을 이루기 위해 노력할 마음이 생겨서 최선을 다하게 된다. 이런 생각이 틀렸다는 것은 아니지만, 이런 방식은 대부분 성공하지 못한다. 이유는 다음과 같다.

첫째, 초점이 '미래의 목표'에 있기 때문에 현재의 인간관계나 기회를 백퍼센트 살릴 수 없다.

둘째, 성과를 눈에 보이는 기준에 따라 판단하기 때문에 나만의 능력을 발휘하지 못하고, 또한 일에 대한 성취감도 겉으로 드러나는 가치관에 좌우된다.

셋째, 목표 그 자체가 아직 실현되지 않은 것에 설정되어 있기 때문에 자신이 목표로 하는 것을 잃어버리는 경우도 많다. 그래서 많은 사람이 확고한 목표를 찾으려고 계속 고생하는 것이다.

이에 비해 비전을 가지면 의식의 99퍼센트를 현재에 집중할 수 있다. 미래가 명확하게 보여서 첫걸음부터 새롭게 만들어가는 고생을 하지 않고 단지 그곳을 향해 나아가기만 하면 된다.

비전이란 현재의 연장이다. 지금 보이는 것—세계를 변화시키는 크고 작은 트렌드, 시간이 흘러도 절대 변하지 않을 것들—을 바라보며 그것이 어떻게 변해가는지 직시할 수 있다. 따라서 시점은 어디까지나 현재에 놓여 있다.

비전이란 언젠가 일어날 일을 짐작하는 것일 뿐이므로 일부러 획득하거나 달성할 필요도 없다. 의식의 99퍼센트를 현재에 대응하는 일에 쏟아부어 자신의 자리를 끊임없이 확인할 수 있는 것이다.

발칙한 아이디어 내기

DNA는 인간의 몸 안(그리고 다양한 생명체의 내부)에서 수백만회에 이르는 분열과 재결합을 거듭하는데, 때로는 짝을 잘못 찾아 결합하는 일도 있다. 이른바 돌연변이를 일으키는 것이다.

돌연변이와 자연도태는 진화론의 기초적 이론인데, 유전자 대신 ‘밈(문화적 전달인자)’이라는 이름이 붙은 사고방식이나 아이디어의 경우에도 같은 이론이 적용될 수 있다. 현실은 우리 모두가 공유한 사고방식이나 신념을 통해 항상 진화를 거듭한다는 것이다. 그밖에도 법률이나 비즈니스 이론, 인생관, 과학, 마케팅 등 다양한 문화적 사고가 급속히 진화하고 있다.

돌연변이가 때로는 종 전체의 진보를 촉진하기도 한다. 자기자신이나 사고방식, 밈 등에서 돌연변이는 강한 경쟁력을 만들어내는 계기가 된다. 우리는 지각을 가진 인간이므로 무한하게 변화할 수 있고, 또한 변화를 거부할 자유도 있다.

실험의 자유는 연구개발의 기본이다. 연구개발에 의해 다양한 상품이 생겨나고 한 단계 나아가 마음만 먹는다면 수많은 돌연변이를 만들 수 있다. 그러므로 강한 매력을 보여주기 위해서라면 나 자신이나 주위사람들, 아이디어, 말, 상품, 인생, 회사, 상황, 기분 등 다양한 것에 대해 좀더 넓게 실험을 해봐야 한다. 적어도 그중의 하나는 엄청난 진보로 이어질 것이다. 그러면 우리는 스스로 혹은 업무적으로 더욱 매력적인 인간이 될 것이다.

자유로운 실험을 위해서는 어느정도 시간과 에너지를 비축해두어야 한다. 그것을 충분히 비축하면 약간의 실패는 무릅쓸 각오로 대범하게 도전할 수 있다. 이 같은 실험은 사람을 매력적으로 만드는 지름길이다.

자기만족의 함정에 빠지지 마라

나에게 상담을 하러 오는 사람들은 대부분 자신의 능력과 재능을 과시하며 성공담을 늘어놓곤 한다. 물론 실제로도 그런 훌륭한 조건을 갖춘 사람들이므로 그 자체는 아무런 문제가 없다.

그러나 이런 사람들은 자신의 그릇을 그동안의 능력이나 재능, 성공으로만 한정하거나 혹은 그것으로 어느정도 만족해버리는 경향이 있다. 그들 앞에 기다리는 것은 자기만족과 자존심이다. 자기만족에 빠지면 새로운 것을 시도해보거나 전진하려는 의욕이 사라진다. 자존심이 지나치면 자신이 잘하는 것 외에는 제대로 평가하지 못하게 된다.

자기만족이나 자존심은 그것 자체는 나쁜 게 아니지만 균형이 문제다. 자기만족이나 자존심이 전부라고 생각하기보다

이것은 단순히 나를 받쳐주는 토대라고 생각하자.

나 역시 예전에는 내 커뮤니케이션 능력이 뛰어나다고 자부했었다. 특히 내 생각을 명확하게 전달하는 점에 관해서는 전문가 못지않다고 생각했다. 그래서 조언을 청해오는 사람들에게는 항상 확신에 찬 말을 해주곤 했다. 사람들에게 자주 칭찬을 듣게 되자 나 스스로 대단하다는 생각에 의기양양했었다.

그것이 실수의 원인이었다. 나는 향상심을 잃고 더 배우고 연구하려 하지 않았다. 스포츠 코치들이 곧잘 말하는 '플로터floater' 상태였다. 플로터란 특별한 훈련을 받지 않아도 좋은 성적이 나올 정도로 뛰어난 소질을 갖고 있으나 중요한 순간이나 승부에 약한 선수를 말한다.

요즘 나는 커뮤니케이션 능력이 꽤 괜찮은 코치라고 나 자신을 평가하지만, 내 능력의 30퍼센트밖에 발휘하지 못한다고 생각한다. 전에는 90퍼센트에 달했다고 굳게 믿었던 적이 있었다. 일부러 겸손을 떠는 것이 아니다. 그저 자기만족과 자존심에 묶여 있던 과거에 비해 조금 더 자유로워졌다는 것을 말하고 싶을 뿐이다. 덕분에 요즘 모든 일이 순조롭게 진행되고 있다.

역설적이지만, 변한다는 것 자체가 함정이 되는 경우도 있다. 그러나 그것은 다음 장에서 설명하도록 하겠다. 자신이 어떤 분야에서 뛰어나다는 생각을 버리고, 또한 남에게 그 사실을 자랑하지 말아야 한다. 그게 사실이라 해도, 또 남들로부터 많은 칭찬을 듣는다 해도 말이다. 사실 주위사람들이 우리를 칭찬하는 것은 좀더 많은 일을 해주었으면 하는 바람이 있을 때다.

스스로에 대해 자신감을 가졌다 해도 자신의 능력을 향상시키기 위해 항상 연마해야 한다. 일류 선수들도 시합이 끝나면 연습장으로 돌아가 다시 연습을 계속하며 기술을 닦는다.

최고의 농구선수라는 칭호를 받는 매직 존슨조차도 끊임없이 연습해 그만의 독특한 훅 슛(Hook Shoot, 장신자들이 골 가까이에서 상대의 블로킹을 피해 쏘는 슛)을 익혔고, 승리를 결정하는 중요한 시점에 훅 슛을 던져 보스턴 셀틱스를 물리쳤다.

후회로 인생을 낭비하지 마라

11

페덱스가 1위인 이유

'긍정의 습관'이 우리의 일상생활과 비즈니스에 정확하게 적용되는 사례가 있다. 페덱스(FedEx, 미국의 대표적인 택배회사 페데랄 익스프레스의 약칭) 서비스는 지금 우리 생활에, 또 비즈니스에 빼놓을 수 없는 소중한 도우미가 되었다. 이 회사가 없었던 시절은 이제 떠올리기 힘들다. 그러나 불과 25년 전만 해도 페덱스는 비행기 몇대뿐인 작은 회사였다. 고객도 그리 많지 않았다. 그러나 눈 깜빡할 사이에 현재와 같은 큰 회사로 성장했고, 당일 안에 물건을 배달하기 위해서라면 할증요금도 기꺼이 지불한다는 것을 훌륭하게 증명해냈다. 재빠른 일처리는 곧 경쟁력을 뜻한다. 현대에서 시간은 문자 그대로 돈이다.

페덱스의 뒤를 이어 대기업은 물론 미국우편공사까지 막대한 자산을 투입하며 택배사업을 시작했지만, 페덱스는 지금까지 1위 자리를 놓친 적이 없다. "물건은 페덱스할게."라는 말이 새로운 동사로 굳어졌을 정도다.

소비자는 선택의 자유가 있는 한 조금이라도 낭비를 하거나 비능률적인 회사는 절대로 선택하지 않는다. 전화요금, 자동차 서비스나 부동산 사업 등 모두 마찬가지다. 더구나 브로커일 경우 경쟁에서 살아남고 싶다면 고객에게 이익을 주는 일에 전력해야 한다. 당연하다. 쓸모 없는 영업활동으로 시간을 낭비해서는 안되는 것이다.

이번 법칙에서 다루게 될 낭비와 비능률은 소비자에게 가장 미움을 받는 요소이다. 이것을 없애려면 실질적인 행동이 필요하다.

시간낭비의 원흉은 늑장이다

바로 응하지 않는 기업이나 개인과는 거래하지 마라

나는 기업이든 개인이든 내가 원하는 것에 곧바로 응해주는 곳, 웹사이트에서 온라인 주문이 가능하고 다음날 상품이 배달되는 곳, 이메일 문의에 바로 응답해주는 곳이 아니면 거래하지 않는다.

무슨 강박관념이 있어서가 아니다. 단지 늦장대응은 어떤 경우든 손실을 가져오며 돈이 든다는 것을 알고 있기 때문이다. 거는 어떤 늑장대응에도 참지 않는다. 그러나 주문한 물품이 기일 안에 도착하지 않았다고 큰소리로 항의하지는 않는다. 단지 다음에 거래처를 바꿀 뿐이다.

곧, 신속한 대응은 그것만으로도 가치가 있고 강한 매력을 가지게 된다. 나뿐만이 아니다. 소비자는 누구나 신속한 대응을 바라기 마련이다. 신속팀과 늑장팀, 우리는 어느 쪽에 서야 할 것인가. 그 차이는 엄청나게 크다.

늑장대응은 신용을 잃는 지름길이다

매사를 항상 완벽하게 처리한다는 것은 불가능하다. 따라서 곧바로 신속한 대응은 못하더라도 조금씩 나아지는 자세를 보이면 된다. 그러나 단골고객이나 거래가능성이 큰 상대가 질문하는 경우에는 바로 대응해야 한다. 신속대응만으로도 신뢰도는 뚜렷하게 커진다.

사람들은 늑장대응에 불안해하지만, 곧바로 대응책을 들으면 안심한다. 신속한 대응이 누구의 눈에나 매력적으로 비치는 것은 늑장대응이 결함이 있다는 것을 뜻하기 때문이다. 항상 그런 것은 아니지만, 늑장을 부려 신용을 잃는 경우는 참으로 많다.

예측하지 못한 사태에 대응하는 방법

내가 해야 할 업무리스트에 시간적인 여유를 가지자! 이것이 실현된다면 얼마나 멋있을까? 나도 이것을 목표로 삼고 있지만 완전히 실현하기는 다른 사람들과 마찬가지로 정말 어렵다. 나름대로 열심히 노력하는 데 의의를 갖고 있다. 업무리스트 작성이 나쁘다는 것은 아니지만 그 자체가 이미 늦어질 수밖에 없는 요소를 포함하고 있다. 업무리스트에 빽빽이 적혀 있는 것은 과거와 미래의 일뿐이다. 현재는 없다. 그래서 절호의 기회가 왔는데도 당장 대응하지 못하고 업무리스트 때문에 망설일 우려가 있다.

"전 생각나는 대로 임기응변 식으로 일을 해요."

피츠버그 출신의 샤론 에익스는 따뜻한 인품과 뛰어난 능력을 지닌 코치다. 최근 그녀로부터 이런 이야기를 들었다.

"전에는 시간을 적절하게 사용하는 것에 자신감이 있었습니다. 할 일을 빽빽이 적어놓고 날마다 먼저 순위를 매겨가며 힘든 일부터 처리하는 방식으로 업무를 해치우곤 했어요. 그러나 심리적으로는 항상 무언가에 쫓기는 기분이었어요. 능률적인 업무 처리 방법이긴 했지만, 진심으로 의욕에 차서 일한 적은 없었습니다. 지금은 업무리스트가 아니라 비전을 갖고 일하기 때문에 전보다 훨씬 즐겁게 일합니다. 생각나는 대로 임기응변으로 대응하고, 매일매일 다양한 분야를 두루 살피면서 그런 과정을 즐깁니다. 겉으로 보기에는 마구잡이로 일하는 것처럼 보이겠지만, 놀랍게도 힘든 일은 기한 내에 처리되어 있고 이전처럼 피곤하지도 않습니다. 항상 기분 좋게 일하며, 무엇보다 흐뭇한 것은 고객들이 나의 그런 점에서 매력을 느낀다는 것입니다."

흥미 있는 이야기가 아닌가. 아까도 말했지만 나는 아직 이렇게 되려고 노력중이다. 중요한 것은 어떤 뜻밖의 업무가 불쑥 생기더라도 즉시 대응할 수 있는 시스템과 기술을 갖춰야 한다는 점이다. 어려운 과제이지만 노력할 만한 가치가 있다.

뭐, 빠르게 변화하는 사람이 성공한다고? Yes!

컴퓨터와 인터넷의 보급은 현대의 가장 중요한 변혁 중의 하나다. 앞서 소개했던 에스터 다이슨은 그 변혁이 인류를 어디로 인도할지 간파한 전문가다. 그녀는 최근 펴낸 저서에서 인터넷 시대에 무엇보다 중요한 것은 기술적·지적인 창조성이라고 단언하고 있다. 앞으로 신기술과 아이디어를 끊임없이 만들어내는 기업이 세계를 주도한다는 것이다. 이 책에서 그녀는 이렇게 피력했다.

"그 다음으로 중요한 것은 인간적으로 성능이 높아야 한다는 것이다."

이 말은 지나치게 꼼꼼히 따지고 생각하는 사람은 실패하고 곧바로 대응할 줄 아는 사람은 성공한다는 것이다. 당신은 무언가를 배울 때 새로운 사고를 순식간에 받아들이고 그와 동시에 즉각 변화할 수 있는가? 거기에서 시간차이가 생긴다. 하루가 걸리는 사람이 있는가 하면 평생이 걸리는 사람도 있다.

새로운 정보와 절차 같은 것들은 서서히 우리의 머릿속에 들어오고 몸에 배게 된다. 이 과정이 지체되면 새로운 정보 등은 점점 가치가 없어지고 심한 경우에는 아무런 성과도 낳지 못하고 사라져버린다.

이른바 '상황에 따라 재빠르게 대처하는' 상태가 제일 바람직하다. 물론 신속함을 앞세우다 실수하는 경우도 있겠지만, 신중을 기하다 기회를 놓치는 것보다는 훨씬 낫다.

어떤 경우에도 멈춰 선 채 생각에 빠져서는 안된다. 스포츠에 비유하면 지지 않기 위한 시합이 아니라 이기기 위한 시합을 하라는 것이다. 움직이면서 생각하고 순간적으로 대처하여 시합에 뒤쳐지지 않도록 하자.

새로운 것을 빨리 배우기 위해서는 그것을 이해하려고 하기보다 먼저 행동부터 변화하는 게 이상적이다. 그러기 위해서는 많은 노력이 필요하다

비축은 나의 에너지원이 된다!

미국의 맥아더 재단은 엄청난 가능성을 가진 사람들이 경제적인 걱정 없이 연구나 업무에 몰두할 수 있도록 '천재상'이라고 불리는 '맥아더 재단 팰로우십MacArthur Foundation Fellowship'을 수여하고 있다. 필요한 것을 미리 비축하는 것은 막대한 금액을 받는 이 '천재상'을 자기자신에게 수여하는 것과 마찬가지다.

첫째, 우리는 원조를(가령 원조하는 것이 자기자신이더라도) 받을 자격이 있다. 둘째, 비축을 해두면 불안감을 덜 느낀다.

이것이 중요하다. 비축이 힘이 되는 것은 다소의 위험부담이 있지만 손실을 두려워하지 않고 일할 수 있기 때문이다. 위험에 대한 부담감은 불안을 낳는다. 불안하면 자유롭게 결단을 내리지 못하고 결국 늑장대응을 하게 된다. 결국 계속 나쁜 영향을 미치는 것이다.

애를 써서 업무처리 속도를 높이지 않아도 괜찮다(물론 높아진다면 더 바랄 것이 없겠지만). 단지 나에 대한 비축을 늘리는 것만 생각하자. 얼마 지나지 않아 순간적으로 지식을 흡수하고 변화하고 있는 자신을 발견할 것이다. 더이상 불안에 떨지 않기 때문이다.

인내는 감각을 마비시킨다고?

그렇다. 그동안 꾹 참아온 것들을 더이상 참지 않으면 둔해졌던 감각이 눈을 뜨고 예민하게 단련된다. 자신에 대한 비축을 늘리면 지금보다 훨씬 많은 것을 감각적으로 느낄 수 있게 된다. 라디오의 파장이 맞아서 음파가 일시에 밀려드는 것과 마찬가지 원리다.

예민해진다고 해서 상처입기 쉽고 나약해진다는 의미가 아니다. 오히려 현재 일어나는 것을 두려움 없이 그대로 받아들일 줄 아는 강한 능력을 갖는 것이다.

예민해지려면 어떻게 해야 하는지는 나중에 다시 설명하겠다. 먼저 최종목표를 확실하게 정해두자. 앞으로 일어날 일을 남보다 먼저 파악하고 듣도록 노력하자. 흔히 미래를 예측하라는 말을 듣곤 한다. 그러나 그보다는 감성을 섬세하게 갈고 닦아 늦장 부리지 않고 신속하게 대응하도록 준비를 해두는 것이 더 진전된 방식이다.

곧, 늑장대응으로 인해 얼마나 많은 비용이 드는지 알게 된다면 만사를 제치고 즉각대응하려고 할 것이다. 그것은 단순히 늦지 않으려고 노력하는 것보다 훨씬 나은 방법이다. 이제부터 일

어날 일을 한 발 앞서 정찰하고 바로 작전을 변경하고, 선수를
쳐서 싸움을 유리하게 이끄는 것과 마찬가지다.

바쁜 사이클, 필요한 사람만 만나도 시간이 부족하다

늑장대응을 하지 않으려면 유입되는 정보량을 적당하게 걸러내
입구가 막히지 않도록 해야 한다. 우송광고인 DM에 답장을 보
내는 사람은 없다. 우리 몸에 일어나는 일에 일일이 모두 대응할
필요가 있을까? 더구나 이것이 현실적으로 가능한 일일까? 대
답은 아마 '아니오'일 것이다. 정말 중요한 일에만 즉각대응할
수 있도록 하자.

내가 실천하고 있는 방법 중의 하나는 서로 도움을 주고받을
수 있는 친구만 만나는 것이다. 별로 친하지 않은 사람들과 계속
만나더라도 그 관계를 유지하기는 무척 힘들다. 광범위한 인간
관계보다 몇몇 친구로 범위를 좁혀 진실한 관계를 만드는 것이
도움이 된다.

이메일이나 우편물의 관리는 몽땅 비서에게 맡기는 것도 좋은
방법이다. 중요한 것만 건네주도록 하고 그밖의 판단은 비서에
게 일임한다. 판단이 서지 않는 경우에만 수시로 알리도록 하면
된다.

마음에도 필터를 사용하라

자신의 비전을 정확히 파악하는 것도 중요하다. 자신에게 무엇
이 가장 중요한가를 명확하게 알고 있으면 필요 없는 것은 자연
히 필터로 걸러진다. 그러다 보면 도움이 되는 정보나 똑같은 비

전을 가진 사람들만 만나게 된다. 마음에도 필터를 사용할 수 있다. 한번 해봤더니 즐겁지 않았다라고 생각되는 일은 우리 인생에 받아들일 가치가 없는 것이다.

이런 필터를 가지면 세계가 좁아지는 게 아닐까? 정보수집이 한쪽으로만 치우치는 게 아닐까? 이런 불안감을 가지는 사람이 있을지도 모르겠다. 분명 외부세계로부터 소외될 우려가 없는 것은 아니다. 그래서 나는 메일매거진을 정기구독하면서 항상 혁신적인 아이디어를 접하고 있기 때문에 낡은 사고방식에 갇히는 일은 없다.

그밖에도 자극을 얻을 곳은 얼마든지 있다. 잠깐 여유가 있을 때 다양한 잡지를 갖춰놓은 서점에 들리자. 재미있고 지적인 자극을 얻을 수 있는 책들을 뒤져보고 마음에 드는 책을 한두 권 사서 읽으면 많은 도움이 된다.

메일 자동답신을 이용하여 시간을 벌라

내게 전화나 이메일, 팩스, 우편 등으로 연락을 취한 사람의 입장에서 생각해보자. 연락을 분명히 받았다, 언제 답장을 해주겠다 등을 곧바로 그 사람에게 전하려면 어떤 시스템을 만들어야 할까?

이때도 늑장대응이 가장 큰 적이다. 곧바로 답장을 해줄 수 없더라도 내 쪽에서 용건을 확실하게 알았다는 점과, 거기에 대해 반드시 대응을 하겠다는 것을 상대에게 보고하여 안심시켜야 한다. 이메일의 경우 자동답신시스템을 이용하면 좋다. 나는 thomas @coachu.com이라는 메일주소에 자동답신시스템을 설치했다.

질문의 내용에 따라 사이트로 찾아가면 웬만한 회답은 볼 수 있다. 또 팩스나 음성응답시스템을 이용하는 것도 좋은 방법이다. 이쪽에서 일부러 전화를 하지 않아도 대부분의 질문에는 대처할 수 있다. 앞에서도 잠깐 다뤘지만, 비서 서비스를 이용하는 것도 여기에 해당한다.

어떤 방법이 좋은가는 저마다 다르겠지만, 누군가가 나에게 연락을 취해왔을 때 곧바로 응할 수는 없더라도 일단 연락을 받았다는 대답만은 곧바로 전달해주는 자세를 갖춰야 한다. 이것은 일일이 대답하는 수고를 줄이고, 앞서 말한 불필요한 일을 걸러주는 필터 역할을 한다.

나는 여러가지 독특한 방법들을 시도해보았다. 코치대학 양성 프로그램에 대해 전화나 이메일로 문의해오면 웹사이트를 소개해주거나 팩스응답, 자동답신시스템 등으로 대응했다. 나아가 이 방법을 발전시켜 코칭에 관한 질문에 대답하는 무료전화 강의를 만들어 희망하는 사람은 누구나 간단히 등록할 수 있도록 했다.

덕분에 나는 시간을 좀더 효율적으로 사용하여 수업에 참가한 사람들과 집중적으로 만날 수 있었다. 시간을 절약하고 참가자들이 코치대학의 창립자인 나와 좀더 가깝게 이야기를 나누는 기회를 만들기도 했다.

시스템을 확실히 구축하라

성공의 궤도에 오른, 혹은 성공하고 싶은 사람에게 시간이란 아무리 많아도 부족하기만 하다.

컴퓨터를 예로 들어 생각해보자. 초등학생이 숙제를 하기에는 과분한 컴퓨터라도 웬만한 규모의 회사에서 재고관리나 발송기록, 고객명부, 기획안 작성과 같은 업무를 하기에는 부족한 컴퓨터가 되고 만다. CPU(중앙연산처리장치)의 성능이 해야 할 일에 비해 너무 낮기 때문이다. 게다가 회사가 빠른 속도로 성장하게 되면 용량이 작은 컴퓨터로는 제대로 일을 할 수 없다. 그때는 몇대의 컴퓨터를 네트워크로 연결하거나 대형 컴퓨터를 구입해야 한다.

성공하고 싶다면, 서포트 시스템과 빈 용량을 되도록 많이 확보해두어 무슨 일이 일어나든 처리할 수 있도록 준비해두자. 안일하게 대처하는 사람들이 많은데, 항상 50퍼센트 이상의 공간을 확보해두어야 한다.

따라잡기도 힘든 상태라면 급성장을 해도 당장 뒤처지고 만다. 미리 준비해둔다면 기회가 왔을 때 그것을 충분히 살려 한 단계 높은 곳으로 비약할 수 있다. 그리고 다시 서포트 시스템과 용량을 업그레이드하면 된다. 미리미리 퍼스널 시스템을 강화하여 즉각대응할 수 있는 태세를 갖춰두자.

12

작은 일을 소중히 다루어라

12

아주 작은 일이 큰 변화를 낳는다고? Yes

시간이 흐르면서 인생이 점점 나아지도록 하기 위해서는 '아주 작은 일이 큰 변화를 낳는다'는 자칫 무심하게 지나치기 쉬운 진실을 이해해야 한다.

예를 들면, 바로 얼마 전까지만 해도 뉴욕시는 오랫동안 골치를 썩이던 문제가 악화되어 시의 재정에 큰 타격을 입을 만큼 심각한 상황이었다. 관광이나 회의, 업무를 위해 뉴욕을 방문하는 사람들이 쓰는 돈은 시내 호텔과 레스토랑, 클럽, 택시기사들의 커다란 수입원이었다. 그런데 이런 여행객을 노리는 걸인, 잡상인, 소매치기와 들치기 같은 경범죄가 날로 증가하고 있었다.

내 고객 중에 전문요리사로 일하는 여성이 있는데, 그녀도 뉴욕에 대한 불쾌한 기억을 갖고 있었다. 그녀는 몇년 전에 처음으로 고급요리박람회에 자신의 요리를 출품하게 되어 의기양양하게 뉴욕시에 입성했다. 그러나 거대한 제이콥 재비츠 컨벤션센터Jacob Javits Convention Center의 계단에 지독한 악취를 풍기며 누워 있는 주정뱅이들을 이리저리 피해가느라 무척 고생했다고 한다.

게다가 값싼 비용으로 빠르게 이동할 수 있어 서민의 발이 되었던 지하철은 이제는 이용하려면 상당한 각오가 필요한 위험한 교통수단이 된 지 오래였다. 부랑자든 중독환자든 인생을 절망하게 된 나름대로의 사정이 있을 것이다. 그러나 우리에게는 공공장소에서 오줌냄새에 코를 막지 않고 살 권리, 여기저기에 일회용 주사기가 나뒹구는 보도를 걷지 않고 살 권리, 술과 마약을 사기 위해 악을 쓰며 돈을 요구하는 걸인에게 쫓기지 않고 살 권리가 있다.

당시 뉴욕시경은 빈발하는 살인, 방화, 강도와 같은 흉악범죄 수사에 전력을 기울이기에도 바빴다. 그러나 마침내 정책을 변경하고 뉴욕을 살기 힘든 도시로 만드는 작은 범죄들, 줄리아니Rudolph W. Giuliani 전 시장의 말을 빌리면 '생활의 질을 위협하는 범죄'를 줄이는 데 좀더 힘을 기울이기로 했다.

그 뒤로 어떻게 변했는가? 요즘은 뉴욕시의 정책을 모방하는 도시들이 늘어나고 있다. 경범죄에 강력하게 대처한 결과 뉴욕은 시민에게는 물론 방문객들에게도 매력적인 도시로 되살아났을 뿐만 아니라 흉악범죄 건수도 대폭 감소했다. 범죄통계 수치에도 그 효과가 해마다 나타나고 있다. 1997년에는 범죄발생률이 전년도보다 무려 9.1퍼센트나 낮아졌다. 호텔업계도 해약률이 급격히 줄어 이삼 주 전부터 안심하고 예약할 수 있게 되었다. 지하철도 다시 안전한 교통수단이 되었다. 곧, 미크로(작은 사건들)부터 손을 댄 결과 마크로(전체 시스템)가 향상된 것이다.

충실하지 않은 하루하루를 보내는 것은 자신의 생활의 질을 위협하는 범죄라고 해도 좋다. 뉴욕시의 경험을 통해 우리도 미크로로부터 출발하자. 사소한 일, 작은 분위기의 변화가 방아쇠가 되어 엄청난 혁신이 일어난다.

소설가와 영화감독들은 곧잘 '신은 디테일(세부)에 머무신다'는 말을 한다. 업무, 인생, 몸, 환경, 아이디어, 트렌드, 변화에서 각 분야의 작은 부분에 주목할수록 훨씬 빨리 엄청난 성과를 얻을 수 있다.

사소한 일을 통해 삶을 변화시켜라

시간의 98퍼센트를 사소한 일처리에 쏟아라

맑은 호수에 물결을 일으키는 데는 두 가지 방법이 있다. 하나는 호수 전체를 뒤흔드는 방법, 또 하나는 호숫가에서 돌멩이를 던지는 방법이다. 그러나 누가 호수 전체를 뒤흔들 수 있겠는가. 작은 일부터 착수하는 것은 호수에 돌멩이를 던져 큰 물결을 만드는 것과 같은 효과를 낳는다.

사소한 일에는 그냥 지나칠 수 없는 중요한 가치가 있다. 그러나 대부분의 기업경영진들은 '중대한 국면'에만 관심을 두고 전략이나 숫자, 트렌드에만 신경을 쓰고 있는 게 현실이다.

일하는 시간의 98퍼센트를 현장에 투자해 구체적인 일을 하나씩 개선하는 게 훨씬 유익한 방식이다. 작은 변화들을 착실하게 이뤄나가면 저금통장에 이자가 불어나듯 반드시 엄청난 이익으로 연결된다. 작은 일처리에 시간을 투자하는 것만으로도 엄청난 파급효과가 생긴다. 자기인생의 경영자는 바로 나 자신이다. 이 원리를 우리 인생에 적용해 경영해보자.

작은 문제를 처리하면 큰일이 발생하지 않는다

사소한 일은 그 자리에서 개선할 수 있다. 기울어진 액자를 바로잡거나 고객서비스의 담당자가 전화응대를 더 친절하게 하도록 도와주는 일, 작은 문제로 힘들어하는 고객을 상담해주는 일은 극히 간단하게 시작할 수 있다.

인간은 때로 문제를 단번에 해결하려는 성급한 마음에 즉시 처리할 수 있는 구체적인 개선책을 놓치곤 한다. 그러나 사소한 일에 전념하다보면 문제는 어느 사이에 해결되어 있거나 적어도 골치아픈 고민거리가 되지는 않는다.

작은 일의 가치를 깨닫지 못하는 사람이 많지만, 지금 당장 할 수 있는 일에 주목하면 즉석에서 큰 만족을 얻을 수 있다. 그리고 한가지씩 일을 처리해낼 때마다 다음에 해야 할 일을 저절로 알게 될 것이다.

하나씩 차근차근 처리하는 방식이 아니라 기분에 따라 한꺼번에 처리하는 방식도 가능하다. 그러나 이것은 상당한 스트레스를 받지 않는 한 불가능하기 때문에 결국 시간과 에너지의 낭비를 낳게 된다.

별다른 의미가 없는 듯한 사소한 일이 나중에 엄청난 변화를 가져오는 경우가 있다.

자동차업계를 예로 들어보자. 1960년대 후반, 품질이나 내구성 따위는 두번째 문제였던 미국의 자동차시장에 일본산 자동차가 진출했다. 그러나 그에 대해 미국 내 자동차 회사들이 한 일이라고는 겉모양이나 성능이 모두 뒤떨어지는 자동차를 계속 생산하면서 '국산차를 타자'는 캠페인을 벌인 것이었다.

1970년대에 속도가 빠른 스포츠카 타입의 자동차 몇종이 출시된 것을 빼고는 1960년대 중반 이후 미국 자동차시장은 변화가 없었고 여기에 관심을 가지는 애호가도 거의 없었다. 최근에야 미국산 자동차의 품질이 수입차를 따라잡게 되었지만, 이미 예전의 독점력은 잃었고, 개혁에 늑장을 부렸던 기업들은 수십억달러의 손실을 냈다.

제록스Xerox도 마찬가지다. 제록스는 파로 알트에 연구소를 만들어 나중에 애플Apple, 마이크로소프트Microsoft를 비롯한 수많은 회사가 세계로 진출할 수 있었던 기반이 된 혁신적인 기술을 개발했다. 그러나 제록스는 구태의연한 기업체질을 바꾸지 못한 채 눈을 멀뚱멀뚱 뜨고 성장의 싹을 잘라버리고 말았다.

전통적인 대기업에서는 시시한 하이테크 장난감에 눈을 붉히고 달려들 필요가 없다고 팔짱을 끼고 바라만 보고 있었다. 그런데 그 장난감이란 게 바로 컴퓨터에 일대 혁신을 몰고 온, 마우스로 조작가능한 '그래픽 사용자 인터페이스(GUI; Graphical User Interface)'였다.

결국 나중에 제록스는 포드Ford와 제너럴 모터스General Motors, 크라이슬러Chrysler와 마찬가지로 근본적인 체질개선을 위해 발바닥에 땀이 나도록 뛰어다녀야 했다. 캘리포니아의 도로에서 일본산 도요타 자동차가 드문드문 보일 즈음, 그 작은 징조를 신중하게 바라보았다면 좀더 빨리 손을 쓸 수 있었을 것이다.

트렌드가 확실한 형태로 자리잡아 모든 사람이 알 수 있을 때까지 팔짱을 끼고 기다려도 괜찮았던 시대는 이미 지나갔다. 세상은 눈이 핑핑 돌아갈 정도로 빨리 움직인다. 재빠른 사람들은 미묘한 흐름의 변화나 사소한 사건에 항상 주의를 기울인다. 우물쭈물하다가는 당장 뒤쳐지기 때문이다.

사생활이나 업무에서 사소한 일은 황금과도 같다. 결코 소홀히 해서는 안된다.

커다란 문제일수록 잘게 쪼개서 소화하라!

앞서 '파급 효과'에 대해 다루었는데, 그것은 '모세관 시스템'과 통하는 부분이 있다. 앞에서도 한번 언급했지만 모세관 시스템이란 네트워크와 광고판매 시스템을 충실하게 갖추어서 고객에게 상품을 파는 게 아니라 고객 쪽에서 스스로 시스템 안으로 들어오게 하는 것이다.

이 '모세관 시스템'에는 덩치가 작아야 들어간다. 우리 몸에 분포하는 모세관에 감자를 넣을 수는 없지만 일단 위에서 소화시킨 감자의 영양분은 쉽게 모세관으로 흡수된다. 마찬가지로 새로운 정보를 '모세관 시스템'에 넣을 때는 분해해야 한다.

예컨대, 새로운 기회가 구체적인 행동의 형태라면 생활에 도

입하기 쉽지만, 통째로 받아들이려고 하면 소화불량에 걸리거나
(스트레스가 된다) 목에 걸려서(불안해진다) 힘이 든다며 결국 포
기하고 말 것이다.

기회가 찾아오는 데는 몇가지 단계가 있다. 곧 한번에 두세 가
지 사소한 일이 일어나는 게 보통이다. 좋은 기회가 한꺼번에 밀
려오는 경우는 그리 흔치 않다. 그러므로 큰일을 여러단계로 나
누어 차례로 작은 일들을 소화하도록 하고, 커다란 기회덩어리
를 한꺼번에 삼키려고 괜한 고생을 하지는 말자.

사소한 일부터 손을 대는 사람은 오히려 득을 보고, 그렇지 않
은 사람은 손해를 본다.

때론 작은 이미지 손상이 치명타가 될 수 있다

요즘은 실수의 대가로 많은 경비를 치러야 하는 시대다. 또한 실
수에 대한 고객의 반응도 몹시 엄격해졌다.

같은 돈이라면 되도록 더 좋은 상품을 사고 싶은 게 소비자의
심리다. 특히 요즘은 구입하기 전에 인터넷을 비롯한 각종 매체
를 통해 미리 충분히 비교 검토할 수 있기 때문에 단골고객이라
고 해서 안심할 수만은 없다. 장사수완이 좋은 사람들은 고객이
가능한 자기 상품을 선택하도록 많은 연구를 한다.

그래서 더욱 신뢰성과 신용이 무엇보다 중요한 시대다. 새로
운 발명품이라는 광고에 혹해서 상품을 샀던 고객이라도 다음에
는 신뢰성에 중점을 두게 된다. 곧, 세세한 점까지 엄격하게 점
검하는 것이다. 백 개에 하나의 불량품도 있어서는 안된다.

대부분의 기업가들은 현재의 상품이 아직 완벽하지도 않은 상

태에서 바로 다음 상품의 개발을 시작하는 경향이 있다. 그러나 섬세한 부분까지 신경을 쓰지 않으면 오늘날의 시장환경에서는 살아남을 수 없다. 매사가 그렇지만 마지막 10퍼센트 과정에 최초와 마찬가지의 시간과 노력을 기울여야 하는 것이다.

완벽한 마감은 투자이므로 노력과 수고가 필요하다. 신과 마찬가지로 완벽함도 '디테일(세부)에 머무는 것'이다.

신뢰를 받고 싶다면, 상대의 요구에 민감해져라

요즘 고객들은 요구를 완벽하게 채워주는 상품만 사려고 한다. 때문에 고객을 만족시키는 것이 예전보다 어려워졌다. '이만하면 되겠지'라는 수준으로는 어림도 없다.

이를테면 컴퓨터는 소프트웨어의 코드나 모뎀의 접속이 완벽하지 않으면 작동하지 않는다. 단 한 군데라도 맞지 않으면 시스템 전체가 틀어진다. 마찬가지로 상품을 제공하는 경우에도 고객의 까다로운 요구에 백 퍼센트 맞추어야 한다. 가능한 한 완벽한 조합으로 완벽하게 접속해야 한다.

인터넷에 접속할 수 있는 사람은 꼭 한번 내가 코치대학을 위해 만든 '초민감인사이트www.supersensitiveperson.com'를 둘러보기 바란다. 자신의 내면을 들여다볼 수 있도록 테스트를 받을 수 있고, '초민감인'이 자칫하면 자신을 얽매는 단점이 될 수도 있는 민감함을 거꾸로 무기삼아 새롭게 변화하기 위해서는 어떻게 해야 할지 함께 생각해보는 사이트다. 이것은 소비자의 욕구와 정보가 완벽하게 맞아떨어진다는 점에서 흥미롭다. 현재 코치대학에서 가장 인기 있는 웹사이트다.

코칭의 경우도 마찬가지다. 고객이 원하는 것은 그저 능력만 뛰어난 코치가 아니다. 자신이 갖고 있는 문제에 대한 경험과 지식이 풍부하며, 짧은 시간 안에 문제를 해결하도록 도와주는 사람이다.

재능을 갉아먹는
인내심에서 해방되라

13

인내심이 부족하면
성공하지 못한다고? NO!

우리는 항상 싫은 일도 참고 하라는 말을 들으며 살아왔다.

불평하지 마라. 삶이란 어차피 고행이다. 괜한 평지풍파를 일으키지 마라. 달걀로 바위 치는 짓은 하지 마라. 어차피 되지도 않을 일, 공연히 속 태우지 마라. 세상 물정 모르는 소리 하지 마라…….

모두 맞는 말이다. 유연하라, 적응하라, 감사하는 마음을 가져라 등도 모두 좋은 말이다. 그러나 인간은 지나치게 이런 미덕에 얽매여 쓸데없이 인내하는 경우가 많다.

인내는 사람을 괴롭히고 에너지를 빨아먹는다. 우리의 삶에서 반드시 없애야 하는 것이 이 '인내'라는 녀석이다. 내가 지금까지 코치한 사람들의 80퍼센트는 무언가를 참으며 불행하게 살아왔다. 인내를 통해 얻는 게 전혀 없는 것은 아니다. 무거운 짐을 꾹 참고 지고 있다보면 스스로 큰 인물이 된 듯한 기분이 든다. 그러나 자존심을 지키기 위해서라면 너무 희생이 큰 방법이다.

말이 좋아 '인내'지, 우리의 감각을 마비시키는 혹이다

인내는 성공의 잔에 뚫린 구멍과도 같다. 행운이나 행복이 모두 그 구멍으로 새버린다. 인내는 우리의 능력을 고갈시킨다. 나중에는 스스로도 자신이 매력 없게 느껴진다. 어쩌면 인내란 우리 내부의 문제(자존심에 관련된 문제)를 그대로 반영하는지도 모른다. 이것은 심각한 문제이지만 해결방법이 있다.

아마도 여러분은 지금 몇가지, 아니 수백가지를 인내하며 살아가고 있을 것이다. 그러나 인내의 병소가 아무리 깊어도 레이저 수술이 가능하다. 이 수술을 통해 단·장기적으로 훌륭하게 변화할 수 있다.

무언가를 참고 있을 때, 우리는 뭔가 이유를 대며 스스로를 납득시키는 경우가 많다. 동료에게 무시당할 수는 없어서라든지, 인간관계를 원활하게 하기 위해서라든지, 혹은 기가 죽어서 참을 수밖에 없다는 식으로 말이다. 그러나 어렸을 때는 그렇게 참고 지내지 않았다. 마음에 들지 않는 일이 있으면 울고 소리쳤다.

어른이 되면서 우리는 감정을 절제하도록 훈련을 받았다. 어른이 됐는데도 울고 소리쳐서는 곤란하기 때문이다. 인내하는 습관을 버리는 것은 의외로 간단하다. 울거나 소리치지 않더라도 우리의 요구를 효과적으로 전달할 방법은 얼마든지 있다.

인내는 우리의 감각을 마비시킨다. 이를테면 마음에 드는 음악을 들으려고 하는데 시끄러운 자동차 경적음, 사람들의 수다 때문에 갑자기 주위가 소란스러워졌다고 하자. 우리는 되도록 그런 잡음을 듣지 않으려고 애쓸 것이다. 한쪽 귀로는 음악을 듣고 한쪽 귀로는 잡음을 무시하려고 애쓰는 것이다. 그러나 음악 소리에는 잡음과 비슷한 주파수를 가진 부분도 있기 때문에 잡음을 무시하려고 애쓰면 자연히 음악의 일부분을 놓치게 된다.

마찬가지로, 무언가를 참고 있으면 불쾌한 일에 말려들고 싶지 않다는 생각 때문에 인생의 즐거움을 느끼는 부분까지 차단하게 된다. 자신이 진정으로 원하는 인생을 손에 넣기 위해서는 좀더 민감해져야 한다. 곧, 감각을 마비시키는 인내는 우리 삶에서 추방해야 한다. 그래야 비로소 가장 소중한 것에 모든 에너지를 쏟아부을 수 있다.

쓸데없이 참을수록 오히려 행복과 멀어져간다

무언가를 참고 있을 때, 우리 자신이나 일은 그저 평범한 것 이상이 되지 못한다. 선천적인 창의성이 발휘되지 못하는 것이다. 무언가를 인내할 때 우리는 항상 피곤해진다.

인내하지 않는 사람은 훨씬 더 행복하고 즐겁게 산다. 상처 입은 자존심에 연연하지 않기 때문에 자신의 가치를 표현하는 데 더 많은 에너지를 쏟을 수 있다. 남보다 한 발 앞서 나아가고, 주저하거나 멀리 돌아가며 쓸데없는 에너지를 소비하는 일이 없다.

머리를 써서 계획적으로 뛰어들면 인내하지 않아도 된다. 사람에 따라서는 답답한 심정을 폭발시키는 것이 좋은 계기가 되기도 한다. 그러나 단순히 화를 내는 식이어서는 안된다. '이놈의 세상, 차라리 내가 망쳐주마!' 같은 증오심에 빠지면 일시적인 감정에 휘둘렸다 결국 원점으로 다시 돌아갈 뿐이다.

참는 게 습관이 된 사람은
된통 당하기 쉽다

어렸을 때 우리는 어떤 일이든 참지 않아도 괜찮았다(아, 그때가 그립다!). 그러나 어른이 되면서 자기 멋대로 하지 마라는 교육을 받으면서 어떤 상황에서든 인내하고 내 차례가 오기를 기다리고 긍정적으로 생각하며 적당히 타협하게 되었다. 불행하게도 참는 일에 익숙해지면 무슨 일이든 무조건 참고 보는 버릇이 생긴다. 그러나 이제 인내하는 것을 그만두자.

여기까지 이 책을 꼼꼼히 읽어온 독자라면 인내란 자기자신에게도, 또한 자신을 사랑하는 이들에게도 매력을 주지 못하는 인간으로 만들 뿐이라는 것을 알았을 것이다.

다음 얘기들을 단서로 삼아 인내하는 습관을 90퍼센트 없애보자. 그 때문에 이혼하지 않을까, 실직하지 않을까, 친구를 잃지 않을까 두려운가. 모르는 소리, 이러는 게 가장 좋은 방법일 수 있다.

불안의 해결책을 '참는 걸'로 때우지 마라
인내는 본래 매우 빠른 인간적인 성장과 진화를 늦어지게 하는 브레이크 같은 것이다. 사실 신속한 성장이란 말은 듣기에는 그 럴듯하지만(실제로도 그럴듯한 일이다), 한편으로는 무서운 말이 기도 하다.

그토록 바라던 변화가 일어났을 때 우리는 처음에는 몹시 기뻐하지만, 얼마 못 가 이제 막 떠나온 과거에 집착하게 된다. 마치 누군가와 사랑에 빠져 잘 지내다가 문득 이 사람이 정말 내가 사랑할 만한 사람일까, 그냥 독신으로 지내는 게 더 좋지 않을까 하고 방황하는 것과 비슷하다.

곧, 우리는 불안하기 때문에 일단 인내하기로 결심한다. 어떻게든 변화를 늦추어서 지금 이곳에 안주하고 싶은 것이다. 의식적이든 무의식적이든 우리는 불안을 느끼지 않으려고 참고 산다. 특히 중요한 인간관계에서 실패했다가는 돌이킬 수 없다는 두려움 때문에 더욱 인내한다. 그러나 계속 참으며 사람들과 관계를 유지하는 것은 마치 작은 새의 목에 줄을 채우는 것과 같아서, 자신의 참된 가능성을 발견하지 못한 채 비상하지 못한다.

그렇다고 자신을 탓할 필요는 없다. 스스로를 자유롭게 풀어놓겠다고 결심하고 참는 일을 줄이면 줄일수록 발목을 잡는 것들을 떼어내기가 쉽다. 인내심이 전혀 없는 사람은 자신의 역할, 곧 부모, 집안의 기둥, 창조적인 인간이 되는 것은 불가능하다고 생각하는 이들이 많지만, 결코 그렇지는 않다. 대상에 따라 대응 방법을 바꾸기만 하면 된다.

바보처럼 꾹 참는 게 다가 아니라니깐~

인내하는 걸 좋아하는 사람은 없다. 그런데도 많은 사람이 꾹 참고 견디는 것은 그것을 통해 무언가 보상받을 것이라고 생각하기 때문이다. 예를 들면 위스키가 알코올 중독자에게 주는 효과와 같은 성격의 보상이다. 일시적으로 고통과 불안을 잊게 해주지만 한편으로는 치료하기 힘든 독이 쌓여간다.

중요한 것은 인내를 통해 어떤 이익(어쩌면 대단히 실제적이고 건전한 것인지도 모른다)을 얻는지, 그것을 명확하게 인식하고 인정하는 것이다. 한번 인내할 일이 있을 때 지력과 직관력을 동원하여 인내를 통해 우리가 얻는 이익을 찾아보자. 가장 수지가 맞지 않는, 그저 희생만 큰 인내는 어떤 것인가? 그 대답을 찾았을 때 문제를 향해 도전하는 힘도 동시에 주어질 것이다.

원인의 싹을 제거하라

희생만 강요하는 인내는 110퍼센트 없애버려라. 정확히 110퍼센트다! 여분의 10퍼센트는 인내의 근원을 끊기 위한 것이다. 이를테면 남편이 치약을 가운데부터 꾹꾹 짜서 쓰는 것을 도저히 봐줄 수 없다고 하자(그런 신경질적인 성격이 더 문제라고 생각하는 사람도 있겠지만, 그것은 다른 곳에서 다루자). 이럴 경우에는 남편에게 잔소리를 하는 대신 병에 든 액체 치약이나 한가운데를 눌러도 다시 원 상태로 돌아가는 튜브 타입의 치약을 사면 문제가 해결된다.

너무 단순한 예이지만 이것이 바로 인내하지 않고 다른 방법을 찾는 10퍼센트의 원리다.

언젠가 심리학 교수가 강조했던 말이 생각난다. 대부분의 사람들은 말싸움이 일어나면 상대를 공격하면서 '상대의 돛에서 바람을 빼앗는' 일에만 급급한데 가장 효과적이고 간단한 방법은 '상대의 돛에 바람이 닿지 않을 곳으로 떠나는 것'이라는 논리다.

곧, 인내의 대상이 중요한 일이든 사소한 일이든 그 배후에 있는 것을 바꾸면 된다. 두 번 다시 참지 않아도 될 상황을 만드는 것이다. 그렇지 않으면 같은 문제로 수없이 인내하도록 강요받는다.

변화의 기쁨을 즐겨라

인내해야 하는 상황을 하나씩 찾아 없애는 동안 아마 인생의 기초공사를 조금 수정해야 한다는 사실을 깨달을 것이다. 이유는 두 가지가 있다.

첫째, 인내를 통해 이익을 얻지 못했다고 해도 인내심은 이제까지 우리 삶의 버팀목이었다.

둘째, 사람, 일, 신념, 사업 어느것이든 버팀목은 항상 변할 가능성이 있는데, 그것은 우리가 변화하는 정도에 따라 달라진다. 서서히 혹은 갑작스럽게 멀어지는 사람도 있을 것이다. 그리고 좀더 전향적인 사람들이 새롭게 다가올 것이다. 목표 역시 자신도 모르는 사이에 극적으로 변화한다.

명심해둘 것은 그런 변화가 일어날 때마다 해방감을 얻을 수 있지만 한편으로는 일종의 상실감도 느낀다는 것이다. 인간이기 때문에 당연하다(이것은 최고의 찬사이다). 그런 때는 새롭게 일이나 습관, 행동 등을 도입하고, 충분히 신뢰할 수 있는 도우미 시스템을 갖추어야 한다.

14

직구로 승부하라

14

내 마음을 알아줄 것이라는 기대는 하지 마라

어떻게 해야 내가 기뻐하는지 남에게 알리기 위해서는 두 가지 과정을 거쳐야 한다. 먼저 내가 기뻐하는 게 무엇인지를 알려준다. 상대가 스스로 알아줄 것이라고 기대하는 것은 금물이다.

다음으로 어떻게 해줘야 내가 기뻐하는지를 자세히 상대에게 설명해줘야 한다. 나와 관련된 사람들에게는 이것이 내가 정말 바라는 것인지, 아닌지 확실히 전달하는 게 중요하다.

'확실한 개인주의'가 될수록 내 바람이나 요구사항을 남에게 전달하기도 쉬워진다. 개인주의가 된다는 것은 주변의 인간관계에서나, 관련된 사람들에게 이익을 가져다준다. 서로 사양만 하거나, 혼자 고민하는 과정이 없어지기 때문이다.

"정말 나를 소중하게 여긴다면 말하지 않아도 분명 알아줄 거야."(천만의 말씀! 꿈 깨라)

이런 기대는 이제 그만둬라. 어떻게 해야 내가 좋아하는지 확실하게 밝히는 편이 주위사람들도 편하다. 내가 원하는 것을 추측하는 수고를 덜 수 있기 때문이다. 반대로, 우리도 상대방이 솔직하게 원하는 것을 말해주는 게 훨씬 마음 편하다. 만약 상대방이 내 바람에 응해줄 수 없다면 다시 한번 나와의 관계를 되돌아볼 것이다. 서로의 기분을 흘끔흘끔 살피며 마음속으로 실망하거나 분노하는 일도 없어진다.

나의 생각을 요령껏 전달하는 전략가가 되라

나는 코칭 일을 하면서 많은 사람으로부터 인생이나 인간관계에 대해 솔직하게 듣는다. 그런 경험을 통해 알게 된 사실은 업무적이거나 연애관계, 또는 타인과의 관계에 틈이 벌어지는 것은 대부분 자신의 욕구나 바람이 무시당했다는 느낌이 들었을 때라는 것이다. 이것은 자신이 부당한 대우를 받고 있다는 감정으로 발전한다. 그리고 바로 코앞에 있지만 손에 잡히지 않는 것을 어떻게든 자기 손으로 붙잡으려고 헛된 노력을 하게 된다.

어떤 의미에서는 그런 사고방식도 옳다. 그러나 나에게 어떻게 해주기를 원하는지 상대방에게 능숙하게 전달하는 사람은 상처받는 일이 적고 만족스러운 인간관계를 구축할 수 있다.

상처받지 않는 법

밑그림을 그려라, 그리고 먼저 선수쳐라

무시당했다는 느낌만큼 괴로운 감정은 없다. 이때는 상대방이 내 말에 반응하도록 유도하는 게 중요하다. 너무 지나친 바람이 아닌가 하고 쑥스러운 마음이 들더라도 반드시 이야기하라.

남에게 내 속마음을 털어놓을 때, 당신은 비판받을 각오를 하는가? 아니면 호의적인 반응을 기대하는가? 솔직하면서도 나에 대한 배려를 잃지 않는 따뜻한 평가를 기대하는 것은 전혀 잘못이 아니다. 그러나 비즈니스에서는 내 아이디어가 쓰레기통으로 직행하는 사태도 각오해야 한다. 경영자는 되도록 돈벌이가 잘될 아이디어를 원하는 법이다. 내 아이디어가 쓰레기통에 버려졌다고 해서 내가 무시당하는 것은 아니다. 아이디어는 나의 일부에 불과하고 얼마든지 새롭게 생각해낼 수 있는 것이다.

그렇지만 역시 비판은 악의적인 공격이 아니라 건설적인 내용이어야 상처를 받지 않는다. 상처받고 싶지 않다면 내 쪽에서 먼저 선수를 치자. 내 아이디어를 어떤 식으로 비판해주면 효과적인지, 어떻게 하면 불편한 감정을 남기지 않고 새로운 아이디어를 창출할 수 있는지 미리 상대방에게 알려주는 것이다. 내 이야기를 어느정도 들어주면 만족스러운지, 어떤 식으로 들어주면 기분이 좋은지 모두에게 알려주자. 이것이 서로에게 이익이 되는 현명한 방법이다.

중요한 것은 표현이다

어떤 선물을 받으면 기뻐할까? 한달에 한번, 아니면 일년에 한 번이어야 좋아할까? 특별히 좋아하는 가게가 있을까? 어떤 때 받고 싶어할까?

선물은 우리의 마음을 전달하는 하나의 수단이다. 해마다 크리스마스나 생일에 자신의 마음을 전달하기 위해 온갖 정성을 다한다. 자, 이제 그런 부담감을 덜어주자. 무엇을 받으면 최고로 기분 좋을지 상대에게 알려주는 것이다. 내가 좋아하는 것, 갖고 싶은 것을 주위사람들에게 자꾸 이야기해주자. 가격도 폭넓게 제시해서 경제적인 부담 없이 나에 대한 애정을 전할 수 있도록 도와주자.

진심으로 사랑해주는 마음이 중요하다고 말하지만 그런 마음을 어떻게 전달하느냐가 훨씬 더 중요하다. 그리고 어떻게 전달해주어야 가장 기쁠지는 나밖에 모르는 것이다.

스트레스에 강한 사람은 없다! 솔직해져라

때로는 자신을 억누르고 냉정해지는 것으로 역경을 뛰어넘거나 '곤란한 사람'을 무사히 처리하는 경우도 있다. 속으로는 두 번 다시 이런 사람과 상대도 하지 않겠다고 생각하면서……. 그러나 어려운 경우를 참고 넘기면 주위사람들은 나를 굉장히 스트레스에 강한 사람으로 보기 쉽다. 그래서 다음에 또 그런 문제가 생기면 '스트레스에 강한' 나에게 떠넘긴다.

상대가 곤란한 사람이든 편한 사람이든 내가 무엇을 원하는지를 처음부터 솔직하게 전달하자. 좀더 시간을 달라, 아니면 시간을 줄여달라, 좀더 여유를 갖고 싶다, 다정하게 대해달라, 신경을 써달라, 존중해달라, 마음을 넓게 가져달라, 받아들여달라, 지지해달라, 다른 반응을 해달라, 다른 결과를 내달라, 나를 대하는 태도나 사물을 보는 태도를 바꿔달라 등등.

내게 필요한 것을 밝혀두면 그것이 내게 무척 중요한 일이라는 게 주위사람들에게 전달된다. 나를 미워하는 사람이 아니라면 되도록 내 뜻을 존중해주려고 할 것이다. 물론 그렇지 않은 사람도 있을 것이다. 그때야말로 스트레스의 근원이 되던 막다른 상황이나 인간관계로부터 빠져나올 수 있는 좋은 기회다.

내가 아는 한 여성은 어느날부턴가 회사에 근무하면서 코칭 일을 시작했다. 두 가지 일을 겸하게 된 계기는 직장에서 인간관계가 힘들었기 때문이었다. 직장에서 그녀를 자꾸만 괴롭히는 인물이 있었지만 인사담당자는 그녀를 위해 아무런 조처도 취해줄 기미가 없었다. 게다가 그녀는 부모가 사는 콜로라도로 이사하고 싶었지만 일을 완전히 그만둘 만한 경제적인 여유가 없었다.

코치의 격려를 받고 난 후 그녀는 주위사람들(특히 그녀를 괴롭히는 인물)에게 '싫다'라는 의사표시를 하게 되었다. 쓸데없는 업무를 하라고 하거나 실례되는 농담으로 신경을 건드리면 기분 나쁘다는 뜻을 분명히 전한 것이다.

그후 얼마 뒤에 그녀는 다른 곳으로 발령이 났고, 새 부서에서 자신의 가치를 인정하고 존중해주는 사람들과 사귀었다. 3주일 뒤, 5년 전에 취직을 부탁했었던 회사에서 그녀를 채용하겠다는 연락을 해왔다. 그녀는 원하던 대로 콜로라도 스프링스로 이사하게 되었다. 더구나 새로운 업무는 그녀가 정말 하고 싶었던 일이었다. 그녀는 내게 이렇게 말했다.

"하나의 성과가 또다른 성과를 낳는 것 같아요. 내가 나 자신을 소중하게 여기고 진심에서 우러난 말만 했더니 모든 게 술술 풀렸어요."

입소문은 비즈니스세계에서 확실한 광고다

입소문은 어떤 비즈니스에서나 가장 확실하고 유용한 광고형태다. 입소문이 나기 위해 얼마나 많은 돈을 쓰는지 고객에게 알리고, 만족한 고객들을 대상으로 주위사람들에게 소개할 수 있는 방법을 명확하게 제시하자. 곧 기업가가 나서서 어떻게 해야 입소문이 나는지 다른 사람에게 어떻게 소개하는지 알려주는 것이다.

이를테면 서비스를 최대한 잘 활용할 수 있도록 설명해주는 것도 좋고, 고객을 만족시키기 위해 온 정성을 기울이는 자세도 필요하다. 완벽한 것을 제공하겠다는 정성스러운 마음이 드러나도록, 고객의 바람에 가장 근접한 것을 제공한다. 프로의식을 갖고 애프터서비스 등 고객에게 이익을 제공하면 서로 이익이 되는 거래관계가 형성된다.

단, 입소문은 추천자가 그 상품을 보증하는 것으로 가볍게 할 수 있는 일이 아니다. 만일 친구가 나의 추천을 믿고 돈을 투자했는데 서비스가 기대에 못 미쳤다면 내 신용에도 문제가 생긴다. 그러므로 추천자의 입장을 처음부터 명확하게 해두는 게 좋다. 고객이 자신의 요구를 분명하게 밝히도록 하는 것이다.

"코치대학에서 정말로 좋은 서비스를 제공한다면 제 친구에게
도 소개하지요. 그러나 얼마나 훌륭한 서비스를 제공하는지 저
를 먼저 납득시켜주세요."

누구나 최고의 능력을 발휘하고 싶어한다. 또 어느정도의 것
을 제공하면 좋을지, 그리고 그 보답으로 무엇을 얻을 수 있는지
알고 싶어한다. 신념을 가지고 장사하는 사람이라면 꼼꼼하고
엄격한 고객을 만족시키는 데서 자부심을 느낄 것이다.

상대의 매력 포인트를 적극 만들어줘라

나와 같이 있는 상대를 함께 지내기에 즐거운 사람, 사랑하고 존
경할 만한 사람으로 개조시켜라. 곧, 상대가 무시할 수 없을 정
도로 매력적인 인간이 되게 적극적으로 도와주는 것이다. 다양
한 일을 통해 내가 매력을 느낄 수 있는 사람이 되도록 상대방에
게 가르쳐준다. 상대방이 나를 어떻게 대해야 좋을지 몰라 고민
하게 해서는 안된다. 물론 상대가 스스로 알아서 매력적인 사람
이 되어준다면 제일 좋겠지만 그런 변화는 기대하기 어렵다.

내가 누군가에게 호감을 가질 경우, 상대방 역시 내게 그런 감
정을 가진다면 매력적인 인간이 되는 방법을 기꺼이 배우려고
할 것이다.

문제를 복잡하게 만들지 마라

부정적인 것보다는 긍정적인 편이 좋다. 폐쇄적인 것보다는 개
방적인 편이 좋다. 마지못해 하는 것보다는 스스로 나서서 하는

편이 좋다. 엄격한 것보다는 자유로운 게 좋고 독선적인 것보다는 겸손한 게 좋다.

모든 일은 사고방식에 따라 결과가 좌우되기 때문에 그것을 적극적인 방향으로 전환하면 나와 타인과의 관계도 크게 변화한다. 기본적인 것이 마음에 들지 않으면 아무래도 결과만을 중시하게 된다.

월급이라도 더 받지 않으면 이런 일은 도저히 못 하겠다, 공짜로 얹어주는 것도 없다면 이런 무뚝뚝한 태도나 분위기는 못 참겠다, 기왕 똑같은 가격이라면 좀더 질 좋은 제품을 사야겠다 등등…….

그러나 서로 신뢰하고 존중하는 관계에서는 결과만을 엄격히 따지기보다 훨씬 너그럽게 서로에게 이익이 되는 방법을 찾아낼 수 있다.

15

자신의 단점을
인정하고 사랑하라

15

자신의 단점을 고치지 마라

많은 사람이 자신의 단점을 외면하고 감추거나 혹은 극복하려고 노력한다. 남보다 모자라다고 여겨지는 단점이 있어서 좋을 것은 하나도 없다고 생각하기 때문이다.

지금까지는 분명 맞는 말이었다. 그러나 이제 우리는 스스로의 단점을 또다른 시각에서 응시해야 한다. 단점을 극복해야 할 난관으로만 여기는 것이 아니라 필터에 걸러 부끄러움과 비난하는 마음을 떨어내는 것이다. 그러면 지금까지 단점으로만 여겨졌던 부분들이 훌륭한 가능성을 가진 부분으로 보이기 시작한다.

자신의 최대단점을 사랑하고 존중하며, 억지로 고치려는 마음을 버리면 된다. 불가능하다, 겸손한 마음을 잃고 만다, 더이상 성장할 수 없다는 생각이 들 것이다. 그러나 실제로는 조금 덜 겸손한 게 오히려 인생에는 도움이 된다. 어떤 것에도 얽매이지 않아야 인간적으로, 또 업무에서 크게 변화할 수 있다.

단점을 인정하고 사랑하라

단점을 살짝 뒤집으면 장점이 된다고?

나의 최대단점은 무엇인가? 나약함, 거짓말하는 버릇, 무감동, 급한 성질, 내 멋대로 하는 버릇, 아는 척하는 습관, 혹은 좀더 나쁜 어떤 것인가?

가장 마음에 들지 않는 단점에 주목해보자. 그것에 대해 계속 생각해보면 반드시 중요한 시사점이 보일 것이다. 이를테면 허약함은 뒤집어보면 대단히 민감하다는 것이고, 거짓말을 하는 사람은 현재의 생활에 불만이 많다는 것이므로 그 거짓 세계를 현실로 만들면 된다. 매사에 감동하지 못하는 사람은 나와 맞지 않는 사람들 속에서 살고 있기 때문인지도 모른다. 새로운 인간관계를 개척하도록 하자.

자신의 단점을 고치려고 하기보다 그것이 무엇을 의미하는지 이해하려고 노력해야 한다. 열등감을 버리고 커튼 뒤에 숨어 있는 진실을 직시하면 새롭게 변하기 위해 필요한 것이 무엇인지 알게 된다. 단점은 대단히 소중한 안내 표지판이다. 이제부터 가야 할 길이 어디인지, 진지하게 뛰어들어야 할 일이 무엇인지 가르쳐준다. 단점을 충분히 활용하면 목표를 탐색하는 수고를 덜 수 있다.

시간을 창조적으로 활용하라

이제 우리의 단점이 더이상 부족하거나, 당장 없애야 할 것이 아니라는 것을 알게 되었다. 자신이나 남의 단점을 비난하기보다는 적극적으로 받아들이자는 말은 누구나 할 수 있다. 내가 권하는 것은 단순히 받아들이는 차원에서 좀더 진보한 방법이다.

뉴욕 허드슨 밸리에 사는 마더린 호맨의 체험담이다. 그녀의 고객 중에 30대 초반의 로렌스라는 작가가 있었다. 그는 한 기업의 홍보지 제작에 관여하고 있으며 그 분야에서 대단히 높은 평가를 받는 인물이었다. 그가 만든 홍보지는 발행부수도 엄청나게 많았으며 내용도 고급 교양지 수준이었다. 상당한 분량의 글들은 독자들에게 좋은 정보가 되었다. 홍보지 제작은 회사에서 중점을 두는 사업이었고, 로렌스도 매우 열성적으로 일했다. 그 즈음 한 잡지에서 실시한 설문조사에서 로렌스는 '우리 회사에 모셔오고 싶은 인물 제1위'로 선정되기도 했다.

왜 이렇게 사회적으로 성공한 로렌스가 마더린의 고객이 되었을까? 회사 측에서 의뢰한 것이었다. 로렌스가 슬럼프에 빠져 있자 회사 측에서 코치를 고용해 해결하려고 한 것이었다. 마더린이 막상 로렌스를 만나보니 그는 일에 지칠 대로 지친 상태였다. 그는 새롭게 사람을 사귀거나 건강에 신경 쓸 여유도 없어 보였다. 마더린은 먼저 지출을 줄이라고 권했다. 이것으로 스트레스가 얼마간 감소되었다. 그리고 스포츠클럽에 다니면서 현재로서는 손을 놓을 수 없는 업무를 위해 스트레스에 견디는 체력을 길렀다.

로렌스는 마감 날을 지키지 못하는 것이 자신의 최대단점이라고 생각하고 있었다. 그는 항상 '어물어물하다가' 일에 뛰어들기까지 시간이 걸리는 타입이었다. 그러나 일단 일에 집중하면 12~14시간 동안 계속 일에 몰두하는 게 보통이었다. 그는 어떻게든 이 '어물어물하는' 습관을 고치고 싶어했다.

그러나 마더린은 그것이 로렌스에게 딱 맞는 업무스타일이라는 것을 그가 깨달을 수 있도록 애썼다. 그 자신이 뛰어난 아티스트였기 때문에 창조적인 일을 하기 위해서는 어느정도 '쓸데없는' 시간이 필요하다는 견해를 가지고 있었던 것이다. 그녀는 로렌스가 단점이라고 굳게 믿고 있었던 습관을 장점으로, 또한 창조적인 작업에 빠뜨릴 수 없는 업무의 일부분으로 받아들이라고 조언해줬다. 두 사람은 스케줄을 점검하고 '쓸데없는' 시간을 충분히 고려하여 다시 세웠다.

로렌스가 자책하는 것을 그만두자 '어물어물하는' 시간을 많이 가질수록 장시간 일에 집중할 수 있고 달성하는 업무량도 늘어난다는 것을 깨달을 수 있었다. 또한 자신이 정말로 관심을 가지고 있는 기획에도 뛰어들 수 있게 되었다. 그는 지금까지 홍보지에 대한 일로 머리가 가득 차서 다른 쪽은 생각할 엄두조차 내지 못했었고, 그것이 늘 불만이었다. 번번이 마감일에 맞추지 못한 것도 불만에 가득 차 있었기 때문이었다.

그후 로렌스는 여러단계에 걸쳐 상담을 받아야했지만, 자기 나름대로의 업무스타일을 단점이 아니라 장점으로 받아들인 후

불만이 사라지고 마감일에 늦는 일도 없어졌다. 포기하거나 굴복하는 게 아니라 자신의 최대단점을 사랑하고 그것을 바탕으로 크게 비약한 것이다. 참으로 놀라운 변화가 아닌가.

자신을 있는 그대로 받아들임으로써 상처받은 마음이 치유된다. 나의 단점을 인정하고 받아들이면 마음이 자유로워진다. 이것이 굴복과 수용受用의 차이다.

단점 덕분에 현재의 내가 있음을 명심하라

자신의 최대단점을 높이 평가하라. 그런 단점들 덕분에 현재의 내가 되지 않았는가. 이제까지 단점 덕분에 이익을 봤던 경험을 떠올려보자. 그 당시에는 손해라고 생각했더라도 나중에 되돌아보면 이익이었던 경우도 있을 것이다. 어떤 사건이나 상황, 인간관계, 무엇이든 좋다. 내 단점 때문에 조금이라도 진전되었던 일들을 구체적으로 열 가지만 써보자. 시간은 좀 걸릴지 모르지만, 얼마 후에 대단히 재미있는 리스트가 완성될 것이다.

내 고객 중의 한 사람은 너무나 똑똑한 형을 존경하면서도 한편으로는 증오하는 마음을 갖고 있었다. 그런 감정 때문에 그는 곧잘 자기혐오에 빠지곤 했다. 그러나 이 열등감을 발판으로 삼아 그는 NFL(National Football League, 프로미식축구리그)의 스타가 되었고 슈퍼볼 챔피언 링을 두 번이나 손에 넣었다. 그는 증오심과 열등감을 느끼지 못했다면 성공을 거두지 못했을 거라고 내게 말했다.

평범한 사람의 인생에 그처럼 극적인 전개는 흔하지 않을 것이다. 그러나 자극을 받고 자신의 단점을 극복하여 성공한 예는 얼마든지 있다. 누구에게나 단점을 극복하는 것은 영원한 과제다.

그러나 항상 제자리로 돌아가 자극을 받으려는 것은 마치 갈증을 해소하겠다고 바닷물을 마시는 것과 같다. 자신의 단점을 긍정적으로 생각한다면 열등감을 발판으로 삼아 단점을 극복하려고 지나치게 노력하지 말자. '지금도 넌 멋져'라고 나 자신에게 계속 들려주자.

남의 영향을 잘 받는 사람도 성공할 수 있다

나의 최대단점은 대단히 예민하다는 것이다. 누군가 나를 비판하거나, 반대로 나를 칭찬할 때 곧바로 그 영향을 받는다. 사소한 일에도 동요하고 낙담하고, 혹은 지나치게 우쭐하곤 했다. 이런 예민한 감정을 내 힘으로 조절하는 것은 지금까지처럼 앞으로도 불가능하다는 생각이 든다. 그러나 이 단점은 현재 내게 최대의 장점이 되었다.

단점을 살리기 위해 나는 무엇이 가장 중요한지 다시 생각하고 업무스타일을 바꾸었다. 그런 과정에서 나는 더욱 예민해졌으며 그것은 나의 능력이 되었다. 예민한 성격을 극복하려는 노력을 그만두자. 단점이라고 생각했던 예민함이 새로운 비즈니스에 필요한 요소가 되었다. 예민하다는 것은 뒤집어보면 사람들이 무엇을 추구하고 무엇을 원하는지 파악해낼 수 있는 능력을 갖고 있다는 말이다.

또한 나는 라이프스타일과 업무스타일도 과감하게 바꾸었다. 항상 많은 사람을 만나느라 바쁘지만 이따금 휴가를 내 여행을 하면서 개인적인 시간도 가졌다. 주위사람들에 대해 예민한 것은 변함이 없지만 이제 그 때문에 상처받는 일은 없다. 내 감정에 억눌리는 게 아니라 거기에서 영감을 얻는 것이다. 그리고 나 스스로에게 이렇게 묻는다.

'지금 내가 느낀 이런 예민한 욕구를 만족시킬 만한 제품이나 서비스는 없을까?'

최대의 단점은 사실 우리의 몸과 영혼의 소리다.

'여기 기막히게 좋은 것이 있어. 지켜보지만 말고 삶의 방식을 바꿔봐.'

단점이란 우리가 스스로 눈을 감고 보지 못하는 숨겨진 재산인 것이다.

단점을 메워주는 서비스에 투자하라

나는 지금까지 단점을 고치려고 많은 애를 써왔고 자신의 노력에 대해 만족하는 사람들을 코치해왔다. 이를테면 서류정리가 서툰 것이 단점이라고 하자. 이런 사람들은 최고급 서류함을 사서 정리하지만 한달도 안돼 그 서류함도 가득 차버린다. 단점을 고치려고 노력하면서 느끼는 만족감을 잠깐으로, 기본적인 사고 방식이 변하지 않는 한 결국 열등감과 좌절감만 커질 뿐이다. 이 래서는 투자한 보람이 없다.

나는 사무처리나 전화응대, 대중 앞에 나서는 일, 각종 공과금과 세금을 기일 안에 납부하는 일에는 소질이 없다. 그래서 이런 업무는 비서업무를 대행하는 회사에 모두 맡겼다. 못하는 일을 잘하려고 노력하는 것보다 좀더 마음 편하게 일하면서 커다란 성과를 얻을 수 있는 업무에 전념하고 싶었기 때문이다. 내 비서는 이런 업무라면 척척박사이고 게다가 그녀에게는 사업이기도 하다. 물론 나도 그런 일을 하려고 마음먹으면 스스로 처리하지 못할 것도 없다(나는 공인회계사 자격증도 갖고 있다). 그러나 서툰 일을 억지로 하는 것은 정신적으로나 경제적으로 소모적이다.

내 단점을 메워주는 시스템을 이용하면 내가 아닌 다른 누군가가 되려고 노력하지 않아도 된다. 이보다 더 현명한 투자는 없다. 여기에 들어간 비용은 곧바로 두세 배의 이익이 되어 돌아온다. 왜냐하면 이제 우리는 거의 하루 종일 자신이 가장 잘하는 분야에 전념할 수 있기 때문이다.

쓸데없이 감추지 마라

단점을 장점으로 바꿔나갈 때는 내게 이러저러한 단점이 있다고 주위사람들에게 이해시켜야 한다. 바꿔 말하면 인간다워지라는 것이다. 나답게 살면서 남에게 미움을 받는 편이 가면을 쓰고 남에게 사랑받는 것보다 훨씬 낫다!

물론 단점이 있어도 사랑받을 수 있다면 더할 나위 없겠지만, 그런 꿈같은 일은 디즈니랜드에서도 아직 실현되지 않았다. 그런 날이 올 때까지는 내 단점에 대해 일일이 주위사람들에게 양해를 구하는 수밖에 없다.

"나는 낯선 사람이 보낸 이메일(혹은 전화 등등)에는 제대로 답변하지 못합니다. 부디 그 점을 이해해주십시오."

"나는 비밀을 잘 지키지 못합니다. 남 얘기하는 걸 굉장히 좋아하죠. 그러니 소문나면 큰일 날 얘기는 내게 하지 말아주세요."

"사무적인 절차는 제가 제일 싫어하는 일이라서 서면 인사 대신 전화로 인사드립니다."

갑자기 돌변하라는 게 아니다. 단점을 있는 그대로 밝혀서 참된 나 자신의 모습을 보여주는 것이다. 감추지 않으면 그 즉시 단점이 장점으로 변하는 경우도 있다. 단점을 이용해 나에게 유리한 인간관계를 만들어가자.

남을 재단하지 마라

최대의 단점을 인정하고 받아들여 장점으로(혹은 적어도 장점이 될 가능성을 믿으며) 활용할 줄 알게 되면 다른 사람의 단점도 똑같이 너그러운 시선으로 바라볼 수 있다. 매사를 보는 눈이 객관적으로 바뀌어 남의 단점에 휘둘리지 않게 된다. 지금까지 화가 나고 지겹기만 하던 옆 사람의 행동도 영화를 보듯 즐길 수 있는 여유가 생긴다. 다른 사람의 행동에 일일이 두려워하거나 고민하는 일도 없어진다.

나를 훌륭한 사람으로 변화시키기에 급급하다보면 인간적인 면이 점점 메말라간다. 남보다 뛰어난 사람이 되어야 한다는 초조함과 함께 자신이 정한 일정 수준에 도달하지 못한 사람들과는 사귀어서도 안된다는 생각때문이다. 이렇게 가면을 쓰고 있어서 내면의 불안은 점점 커지고 그것을 감추기 위해 더욱 두터운 가면을 쓰게 된다.

자신의 단점을 사랑스럽게 볼 수 있다면 타인의 단점도 그다지 눈에 거슬리지 않는다. 상대의 잘못으로 괴로움을 당해도 그냥 참고 있으라는 것은 아니다. 내가 말하는 요점은 남을 재단하지 마라는 것이다. 자신에게 했던 것처럼 주위사람들의 단점도 있는 그대로 존중해주면 된다. 그래야만 우리는 남에게도 또 우리 자신에게도 진실로 매력적인 사람이 될 수 있다.

단점의 영향력을 파악하라

자신의 단점을 인정한다는 것은 '이게 내 단점이야, 제발 알아줘!'라고 떠벌리고 다니는 것이 아니다. 나는 어쩔 수 없는 인간이라며 풀이 죽어서도 안된다. 단점을 이용해 변화하는 것이다.

자신의 단점을 받아들이기 위해서는 나와 내 생활, 그리고 주위사람들에게 그 단점이 어떤 영향을 끼치는지 파악해야 한다. 단점을 부끄러워할 필요는 없지만 그렇다고 간판으로 내건 채 팔짱만 끼고 있어서도 안된다. 자신의 최대단점을 인정하는 것은 첫걸음에 지나지 않는다. 그곳에서 새로운 가능성을 찾아낸 뒤에 계속 노력해야 변화할 수 있다.

한 발 앞서 나가라

16

예민할수록 빨리 깨닫는다

감각에 날을 세워라

자신을 질타하고 격려하며 원하는 것을 이루기보다 원하는 일에 자연스럽게 몰입하게 되면 더 수월하게 행복한 인생과 성공을 거머쥘 수 있다.

우리는 자기자신과 환경, 주위사람들의 미묘한 변화에 좀더 예민해질 필요가 있다. 감각이 둔해지고 흐트러질수록 자신의 주변에서 지금 무슨 일이 일어나는지 감지해내지 못한다. 매력을 최대한 발휘하기 위해서는 매사를 보통 사람들보다 빠르게 감지해야 한다. 그래야 남보다 빨리 더 정확하게 대응하고, 보다 커다란 성과를 얻을 수 있다. 예민해지지 않으면 우리가 대응할 새도 없이 기회는 지나가버린다. 감각이 마비되어 있으면 변화를 눈치채지 못하고 기회를 놓치게 되는 것이다.

일부러 예민해지려고 노력하지 않아도 자신의 내면에는 높은 감수성이 갖춰져 있다. 자신의 감각을 둔화시키는 행동이나 인물과 관계를 끊는 것만으로도 상당히 진보할 것이다.

물론 예민함은 섬세함으로 통하고, 그것을 탐탁지 않게 보는 사람도 있다. 섬세한 인간은 나약해서 재능이 있어도 사회에 순응하지 못한다는 고정된 이미지 때문이다. 참으로 어리석은 편견이다. 섬세한 사람은 자신이 다른 사람과는 다르다는 것을 인식하고, 강한 감수성과 예리한 직관력을 장점으로 활용할 수 있다. 예민함은 성욕이나 재욕財慾과 마찬가지로 인생을 풍요롭게 만드는 에너지의 원천이기도 하지만 잘못하면 해가 된다. 다음 내용을 읽어보면 태어나면서부터 갖고 있는 자신의 예민함을 발견하고 거기에서 성공을 이끌어내는 방법을 알 수 있을 것이다.

녹슨 감수성에 충격을 가하라

뭐든 지나치면 모자람만 못하다!

알코올이나 설탕이 우리의 감각을 마비시킨다는 것은 과학적으로 증명된 사실이다. 당장은 문제가 없는 것 같지만 중독성 있는 물질을 지속적으로 쓰다보면 원래 갖고 있는 감수성이 점차 손실되어 항상 현재를 의식하고 집중하기 어려워진다.

자극적인 물질은 일시적으로 감각이 예민해진 듯한 느낌을 줄지 모르지만, 길게 지속되지는 않는다. 알코올은 걱정거리를 잊게 해주고 인간관계를 원활하게 만들어준다. 그러나 알코올이 걱정거리를 완전히 해결해줄 리는 없다.

마찬가지로 넋을 놓고 텔레비전을 보거나 과음이나 과식을 하고 어려운 현실을 외면한 채 애정이나 섹스에 탐닉하는 것은 모두 감각을 마비시킨다. 마구잡이로 정보를 수집할 뿐 예민하게 반응하지 않거나 실제적인 행동으로 연결되지 못할 때도 자신만의 감각을 잃게 된다.

물론 정도의 문제는 있지만 이런 행동 자체가 나쁜 것은 아니다. 자극에서 얻는 쾌감은 일시적인 것에 지나지 않는다. 이런 행동에 탐닉하지 않고는 견딜 수 없다면 그것은 내면에 심각한 문제를 안고 있다는 증거로, 이 문제는 반드시 해결해야 한다.

감각과 기분을 구별하라

한 인간을 목표로 이끄는 '동기'는 대개 현재와는 동떨어진 대상이고 항상 그 시점이 미래에 있다. 그에 비해 '감각feeling'은 항상 현재적인 것이다. 때로 감각을 '반응reacting'과 혼동하기 쉬운데, 이것은 과거와 미래 모두 나타나는 것이다. 감각과 감정적인 반응은 전혀 다르다. 감각은 사람을 현재에 동화시키지만 감정적인 반응은 과거의 기억이 되살아나는 것이다.

감각이란 끊임없는 재생이고 시야가 넓어지면서 새로운 가능성이 보이는 상태다. 한편 반응은 사람을 얽매이게 만들고 뭔가 아쉽고 답답한 감정을 고스란히 안은 채 고인 물속에 안주하는 상태다. 정상적인 사람이라면 그중 어느 쪽을 선택할 것인지 명확하다. 그러나 많은 사람이 이런 차이를 이해하지 못하고 이 단계에서 주저앉고 만다.

추종이나 아류를 피하려면 예민해져라

현실적으로 혹은 경제적으로 특별히 유리하지 않기 때문에 굳이 감수성을 키울 필요가 없다고 생각하는 사람은 꼭 이 부분을 읽기 바란다. 정보화가 발전할수록 품질에 대한 소비자의 평가는 엄격해진다. 곧 예민한 반응은 비즈니스를 하는 사람들에게 갈수록 큰 장점이 된다.

숨가쁜 비즈니스의 상황이나 고객의 기호변화를 말로는 따라잡지 못한다. 변화의 징조를 보면서도 늑장을 부리며 그것을 말로 정의내리고 전문가에게 의뢰하여 제품을 만들어 출시한 것이 소비자의 손에 들어갈 즈음에는 애초의 변화의 징조, 곧 트렌드는 이미 전혀 다른 동향으로 발전해 있는 경우가 대부분이다.

결국 선두를 빼앗긴 '아류' 제품들이 시장에 난무하고, 얼마 남지 않은 시장을 확보하기 위해 쟁탈전을 벌린다. 마즈다 미아타Mazda Miata가 시장에 나타났을 때, 영국의 스포츠카 로터스 엘란Lotus Elan과도 견줄 수 있는 세련된 디자인과 품격으로 1960년대 초 새로운 자동차에 굶주린 채 청년기를 보낸 베이비 붐 세대를 매료시켰고 눈 깜빡할 사이에 대히트 상품이 되었다. 한편, 크기는 비슷했지만 디자인이나 성능이 별 볼일 없었던 머큐리 카프리Mercury Capri는 미아타와 비교되는 상품으로 끝이 났다.

기업이 진심으로 고객의 눈높이를 맞추는 비즈니스를 할 마음이 있다면 우수하고 감수성 높은 인재를 고객서비스 부서나 전화상담 창구에 주 1회 배치하여 고객의 상담이나 요구에(문제의 크고 작음에 상관없이) 대응하게 할 것이다. 음악업계에는 음반이 출시되기 전 '귀'라는 별명이 붙은 전문가가 각 밴드의 음악을 미리 듣고 팔릴 만한 사운드인지 아닌지 판단한다. 커피와 홍차 감정인은 '혀'가 대단히 민감해서 맛과 품질의 미묘한 차이를 감지해내고 그것을 말로 표현한다. 그러나 그런 전문가의 힘을 빌리지 않더라도 예민한 소비자들은 상품의 품질이 떨어지면 즉시 알아차린다.

자신의 감각을 믿어라

느끼는 것도 일종의 기술이다. 시행착오를 겪더라도 감각 단련 훈련을 해야 한다. 이런 노력은 반드시 큰 보상을 받게 될 것이다. 모든 일에 신속하고 창의적으로 대응할 수 있을 때, 좀더 빨리 변화할 수 있다. 머리로 복잡하게 생각하는 것이 아니라 몸의 즉각적인 판단을 믿어라.

무언가를 느꼈을 때 그것을 이해하려고 애쓰기보다는 일단 그것에 몸을 맡기는 것이다. 일일이 신중하게 고찰한 끝에 결정하는 것에 비해 자신의 감성을 믿고 거기에 따르는 것은 상당히 고도의 기술이다.

사고는 자유롭게, 움직임은 빠르게!

큰 기회라는 것은 대부분의 사람들이 아직 그것을 알아차릴 준비가 되어 있지 않을 때 찾아온다. 물론 기회인지 모르다가 한참 후에야 알아차리는 경우도 있지만, 시간이 지난 뒤에 쫓아갔을

땐 이미 늦는 경우가 많다. 그러면 어떻게 해야 좋은가?

사고는 자유롭게, 움직임은 빠르게, 새 운동장이 보이면 즉시 경기에 참가할 준비를 갖추어야 한다. 일단 참가해보면 멋진 기회가 우리를 기다리고 있었다는 것을 깨닫게 될 것이다.

환경을 바꾸면 생각이 변한다

나에게 맞는 환경을 조성하라

여러분은 이 책을 읽어나가는 동안 점점더 많은 것을 깨닫게 될 것이다. 첫째, 감각이 점점 맑아지기 때문에 예민하게 느끼고 보는 눈이 확실해지며 인간관계나 주변의 상황으로부터 전에 없이 큰 영향을 받게 될 것이다. 이것은 자연스러운 변화다.

그런데 무언가를 추구한다는 것은 되도록 세련되고 완벽한 결과를 추구하는 것과 남이 보기에도 가장 나다운 상태를 추구하는 것 둘 다를 의미한다.

나에게 맞는 환경을 정비하는 것에 대해 한번 생각해보자. '나를 위한 완벽한 환경 만들기'라고 하면 물질만능주의를 먼저 떠올리는 사람이 있을 것이다. 그러나 나 자신을 소중히 여기기 위해서는 환경조성이 꼭 필요하다.

앞에서 무리를 하지 않고 변화하는 것이 '긍정의 습관'의 중요한 핵심이라고 말했었다. 곧 완벽함을 추구하는 과정에 큰돈을 쏟을 필요가 없다는 얘기다. 그러나 무리하지 않는 범위 내에서 나 자신의 발전을 위해 필요하다면 넉넉하게 투자해야 한다. 회계사나 파이낸셜 플래너와 상담을 할 때도 마찬가지다. 자신에게 딱 맞는 길을 선택하면 반드시 새로운 가능성이 열리고, 주위 사람들도 나의 마음을 이해하고 쉽게 응해준다.

쾌적한 환경을 만드는 비결

감각과 현실의 균형을 유지하라

자신의 자동차를 운전할 때 어떤 느낌이 드는가? 어떤 느낌을 갖고 싶은가? 그런 느낌을 가지려면 어떻게 하면 좋은가?

중요한 것은 감각과 현실, 양쪽의 균형을 잡는 것이다. 지갑이 허용하는 범위 내에서 최고의 자동차를 구입하자. 차의 크기, 제조연도, 모델, 상태, 디자인, 제조회사, 신뢰성, 가격, 승차감, 조작의 편리성, 색깔 등의 세세한 점은 감각을 중시하면 간단하게 결정할 수 있다.

인터넷에는 자동차를 구입할 때 판단의 자료가 되는 정보가 넘쳐난다. 작은 도시에 몇개의 대리점밖에 없는 경우에도 소비자가 경쟁가격을 얼마든지 제시할 수 있다. 작은 도시이기 때문에 대리점에서는 지역주민들을 고객으로 확보하기를 바랄 것이다.

나만의 패션 스타일을 만들어라

옷을 입었을 때 어떤 느낌이 드는가?

영화나 텔레비전에 나오는 패션 스타일리스트들은 자신의 옷을 선택할 때 마음에 드는 것이 있으면 같은 것을 두세 벌씩 사둔다고 한다. 옷이 자신을 표현하는 데 얼마나 중요한 수단인지 잘 알고 있기 때문이다.

내 몸에 걸치는 모든 것은 나를 표현하는 수단이다. 패션 스타일이 항상 변화하는 사람이 있는가 하면 평생 거의 변하지 않는 사람도 있다. 자신만의 패션 스타일을 가지는 것은 자기 스타일로 이야기하고 글을 쓰고 그림을 그리고 사진을 찍는 것과 비슷하다. 기준이 되는 소재와 어린아이 같은 호기심, 그리고 남과는 다른 것을 즐기려는 마음만 있으면 된다.

호기심이 없으면 나만의 스타일이 아니라 내가 스타일에 얽매일 위험이 있다. 이 차이는 참으로 크다. 자유로운 마음으로 감각이 이끄는 대로 자신 있게 나의 내면을 옷으로 표현해보라.

편히 쉴 수 있는 공간을 내 멋대로 꾸며라

자기 집에 있을 때 어떤 느낌이 드는가? 어떤 느낌으로 지내고 싶은가?

집을 어떻게 바꾸느냐에 따라 상당한 비용이 들기도 하고 적은 비용으로 큰 변화를 이끌어낼 수도 있다. 개선책(그리고 거기에 드는 비용)은 굉장히 다양하고 지금 당장 손댈 수 있는 부분도 있다. 당장 할 수 있는 부분부터 조금씩 개선해나가라.

장소, 설계, 가구, 채광, 배치, 품질, 색, 재질, 편리성, 설비, 동

선, 가전제품, 수납공간, 부엌, 목욕탕, 거실, 침실, 안전성, 아늑
함, 주변환경과 이웃사람들 그밖의 어떤 것이라도 좋다. 자신이
편안히 쉴 수 있고 힘이 솟구칠 환경으로 하나하나 바꿔나가라.

 이르는 독자를 갖고 있는 시인 칼 샌드버그Carl
Sandburg의 이야기다.

89세에 세상을 뜬 그는 생애의 마지막 22년을 노스캐롤라이
나주 서부에 있는 블루 릿지 산기슭에서 살았다. 그는 1860년에
지은 낡은 집에서 아내와 세 딸(그중 둘은 장애인)과 두 손자, 그
리고 1만 4,000권의 장서에 둘러싸여 검소하고도 애정이 넘치
는 개인주의의 생활을 보냈다. 그 생활환경은 그에게 많은 도움
이 되었다. 집안 곳곳에 쾌적한 집필장소가 있었고, 바깥 베란다
에도 책상이 있었다. 또한 밤의 정적은 그에게 영감이 떠오르게
했다.

소음이 들리지 않는 침실에서 새벽녘에야 잠이 든 시인은 느
지막이 일어나 가족과 점심을 함께 한 뒤에 딸과 손자들을 데리
고 오후 산보에 나선다. 농장 밖으로 나서면 숲 속으로 난 멋진
산책로가 그들을 기다린다. 그는 저녁식사 때마다 사람들을 초
대하여 유쾌하게 놀고 시 낭독과 노래를 즐겼다. 손님들이 돌아
가고 정적이 찾아오면 그는 다시 집필에 들어갔다.

칼 샌드버그의 삶의 방식을 통해 알 수 있는 것은 나를 위한
집을 꾸미기 위해 막대한 비용을 들이거나 반드시 화려한 장식
과 도회적이고 세련된 공간을 연출할 필요는 없다는 것이다. 가

능한 한 가장 자신답게 지낼 수 있고, 자신의 목적에 가장 적합한 환경을 만들면 되는 것이다. 그렇다, 좋은 의미에서 내 멋대로 꾸며보는 것이다. 그것이 내게 엄청난 매력을 부여해준다.

작업장을 기분 좋은 공간으로 만들라

작업을 하고 있을 때 어떤 느낌이 드는가? 자영업자든 샐러리맨이든 일을 할 때 작업환경이 있다. 일 그 자체는 물론이고, 사무실이나 작업장, 책상, 의자, 컴퓨터, 프린터, 팩스, 장식품, 조명, 동료, 연봉, 직무내용, 진급…….

위에 열거한 요소들 중에서 지금 당장 개선할 여지가 있는 것은 무엇인가? 현재의 고용주와 이별할 만큼 심각한가? 환경 때문에 일하기 힘든 상황인가? 만일 필요한 정보를 항상 손에 넣을 수 있다면 좀더 높은 성과를 낼 수 있을까?

고용자와 피고용자의 관계는 여러가지 의미에서 연인 사이와 비슷하다. 항상 의견이 맞지 않아 투덜거리면서도 언젠가는 알아주는 날이 올 것이라는 식으로 안이하게 생각하다간 큰코다치기 십상이다. 인내하면서 오래도록 함께 지낸다면 세월이 흐를수록 헤어지기가 힘들다. 그러므로 참을 수 있을 때까지 참아보자는 생각으로 시간만 끌어서는 안된다. 몸과 감각의 소리에 귀를 기울여라.

당신의 직장은 항상 누군가가 불평을 하는 분위기인가? 당신도 그중 한 사람으로 항상 불평을 하는가? 그렇지 않으면 고용자와 피고용자 모두가 만족하며 함께 발전하는 관계인가?

어떤 사소한 일이라도 좋다. 주변의 환경을 개선하여 되도록 일을 잘할 수 있도록 만들자. NBA의 명코치였던 패트 라일리는 코치로서 가장 중요한 업무는 선수의 소질이 최대한 발휘되도록 분위기를 만들어주는 것이라고 했다. 패트는 원정경기에 나설 때마다 선수들을 초일류 호텔에 숙박시키고 방에는 부드러운 최고급 타월을 충분히 준비해주었다. 초일류 환경이 경기에서 승리할 수 있는 원동력이 된다는 것이다. 경우에 따라 물론 다르겠지만, 참고할 만한 이론이다. 우리도 이 이론을 한번 시험해보자.

나의 소중한 엔진인 몸에 투자하라

자신의 몸에 대해 스스로 어떤 느낌을 받는가? 일주일에 어느정도의 시간을 내어 체중, 머리, 눈, 치아, 턱, 가슴, 배, 엉덩이, 다리, 발, 손, 피부, 근육, 손톱을 위한 손질을 하는가?

　저축과 마찬가지로 몸의 건강도 조금씩 착실하게 비축해두어야 한다. 눈에 보이는 변화가 나타나고 그것을 스스로 유지할 수 있을 때까지 인내심을 가지고 계속해야 한다. 우리의 몸은 그 무엇보다 소중하고 정밀한 기계이다(물론 어떤 정밀 기계보다 훨씬 뛰어나지만).

　몸을 위해 시간과 노력을 현명하게 투자하자. 이는 그럴 만한 가치가 있고 또한 보상도 크다. 전속 트레이너, 좋은 운동화, 스포츠센터, 자전거, 실내 운동기구로 웨이트 트레이닝하기, 스포츠 마사지, 요가교실, 동료들과 농구 시합하기, 에어로빅 교실 등 어떤 것이라도 좋다. 즐기면서 만족감을 얻고 건강도 유지할 수 있는 것을 찾아내 나 자신에게 선물하자. 우리에게는 그럴 만한 자격이 있다.

식습관은 자기투자의 연장선이다

자신이 먹는 음식에 대해 어떤 느낌을 받는가? 가까운 패스트푸드점에서 대충 한 끼 때우는 편인가? 감자튀김은 바짝 튀긴 걸로 할까요, 살짝 튀긴 걸로 할까요라는 질문에 아무거나 괜찮다고 대답하는 편인가?

다이어트는 몸의 문제이면서 동시에 정신의 문제다. 내 입에 들어갈 음식을 선택할 때, 그것에는 자신의 체질이 미묘하게 반영된다. 다른 사람에게는 잘 맞는 다이어트 방법이 내게는 역효과가 날 수도 있다. 그 반대의 경우도 있다. 확실한 것은 무리한 식사제한이 아니라 건강한 식생활을 하는 게 더 효과적이라는 점이다. 식사는 즐거운 일이어야지, 먹고 나서 후회해서는 안된다. 음식을 두려워하는 자체가 이미 병이다. 이 병은 비만보다 훨씬 심각하다.

식사는 일종의 자기투자라는 점을 잊지 말라. 일시적인 쾌락을 추구하는 것이 아니라 앞으로의 건강을 고려하여 두루 균형을 유지하는 것이 중요하다.

예컨대, 간식습관의 재점검, 생과일주스로 비타민과 미네랄을 보충하고 과일과 야채의 섭취량을 늘린다. 또한 유제품의 일일 섭취량을 제한하며 식사의 횟수와 양을 정한다. 곡물과 건강식을 선택하고 육식을 줄이거나 완전히 채식으로 전환하거나, 물을 충분히 마시는 것도 좋다. 그외에 다이어트에 관한 책이나 트레이닝, 프로그램 등이 다양하게 나와 있으므로 참고하면 된다.

시간이 걸릴 각오는 미리 해두는 게 좋지만, 아주 작은 향상으로도 획기적으로 변화할 수 있다.

최신 기계로 바꿔라

상식과 예산이 허용하는 범위 안에서 최고의 도구(자동차와 집도 포함하여)를 구비하라. 최적의 설비를 갖추면 먼저 기분이 좋아지고 일을 잘할 수 있는 환경이 된다. 컴퓨터, 프린터, 스캐너, 모뎀, 전화, 세탁기, 드라이어, 가전제품 등 내 능력을 신장시키고 도와주는 기계는 무엇이든 완벽한(혹은 최신의) 상태로 해두자.

인생의 잡동사니를 깨끗이 치워라

앞에 제시한 것들을 실천하기 위해서는 복잡한 생활과 인생의 잡동사니를 깨끗이 정리해야 한다. 다음에 제시하는 환경정비프로그램을 이용하면 쉽게 정리할 수 있다. 정리작업이 끝났을 때, 우리의 생활은 좀더 안정되고 성공 가능성은 그만큼 커진다.

환경정비프로그램은 네 가지 부문으로 나누어져 있다. 각 부문마다 25항목씩, 전부 100항목이 있는데, 내게 맞는지 아닌지 객관적으로 점검하고 체크해보자. 현재의 내 상황을 정확하게 진단하고 변화상태를 진단하는 기준이 될 것이다.

또 이 항목들은 우리가 해야 할 과제를 제시해주기도 한다. 그러나 한꺼번에 변하려고 애쓸 필요는 없다. 그저 머릿속에 넣어두기만 해도 남보다 한 발 앞서 나갈 수 있다. 그리고 서서히 어떻게 대응해야 할지 생각하면 된다.

그중 어떤 것이든 현재의 생활에서 가장 마음에 걸리는 문제부터 집중적으로 해결하라. 단 한가지의 문제만 해결해도 큰 성취감을 얻을 수 있고 스트레스가 많이 줄어든다. 그리고 새로운 활력이 생기는 것을 느낄 것이다. 그것이 다음 과제로 달려가는 힘이 된다.

지금 당장 바꾸지 않아도 되는 과제는 시기가 왔다고 생각될 때 고치면 된다. 강한 의욕이 생기면 그 시기는 저절로 다가온다. 지금은 어렵게 느껴지는 것도 때가 되면 즐거운 마음으로 뛰어들게 된다.

환경정비프로그램의 모든 항목에 체크할 수 있게 되면―그것이 한달 뒤일지 일년 뒤일지, 혹은 그보다 먼 훗날일지 모르지만―우리는 엄청나게 매력적인 사람이 되어 있을 것이다.

환경정비프로그램을 체크할 때 다음에 유의하자.

질문을 읽고 자신에게 적합하다고 생각되는 것에만 체크한다. 대충 그런 경우에는 체크하지 마라. 확실한 경우에만 체크하라.

질문내용이 자신의 경우에 맞지 않을 때는 '맞다'에 체크한다 (노력여부와는 상관없이 영원히 맞지 않는 것이므로 계산에 넣지 않는다). 약간의 차이가 있는 경우에는 각자 자신의 상황에 적용하면 된다.

테스트를 마친 후 각 부문별로 합계점수를 내서 '당신이 획득한 점수'에 적는다. 마지막으로 모든 점수를 합계한다. 그리고 결과를 채점지에 기입한다. 건강부문에서 '맞다'가 아홉 개였을 경우에는 '당신이 획득한 점수'에 9점이라고 표시하면 된다. 다른 부문도 마찬가지 요령으로 표시한다. 25점 만점을 받는 것이 최종목표다. 일단 현재 내가 각 분야에서 어느정도의 위치인지 파악해두자.

즐거운 마음으로 모두 체크할 수 있을 때까지 이 프로그램으로 계속 테스트해보자. 무리를 할 필요는 없지만 반드시 이루겠다는 마음가짐을 갖자. 반드시 된다! 한달이든 일년이든 시간은 얼마가 걸려도 괜찮다. 환경정비프로그램을 빨리 완료할수록 내가 추구하는 성공을 쉽게 손에 넣을 수 있다.

환경정비프로그램 체크 노하우

1. 나에게 맞는 것만 체크한다.

2. 질문내용이 나와 상관없을 경우 '맞다'에 표시한다.

3. 체크한 개수와 점수는 동일하다.

4. 이 프로그램의 최종목표는 25점, 만점을 받는 것이다.

맞는 것에 체크하시오.

☐ 파일이나 서류, 영수증 등을 꼼꼼하게 정리한다.

☐ 자동차는 완벽한 상태다. 점검이나 수리, 청소, 부품교환을 자주 하고 있다.

☐ 집안은 깨끗이 정리되어 있고 청결하다. 매일 청소하고 장롱서랍은 정돈되어 있으며, 책상이나 테이블에 먼지가 쌓여 있지 않고 창문은 반짝거린다.

☐ 가전제품, 기계류는 아무 이상 없이 작동된다.

☐ 의류는 깨끗이 다림질되어 있고 청결하며 내게 잘 어울린다(세탁물이 쌓여 있지 않다. 구겨지거나, 유행에 맞지 않는 옷, 사이즈가 맞지 않는 옷은 없다).

☐ 집에서 기르는 화초나 애완동물이 건강하다(적절한 먹이와 물을 주고 있다).

☐ 침실과 주변가구는 항상 편안한 잠을 잘 수 있게 해준다(튼튼한 침대, 적절한 조명).

☐ 침대와 이부자리 손질은 매일 한다.

☐ 지금 사는 집(혹은 아파트)이 마음에 든다.

☐ 주위에 마음을 편안하게 해주는 것들만 있다.

☐ 내가 스스로 선택한 지역에 살고 있다.

☐ 실내는 충분히 밝고, 건강에 좋은 조명을 사용하고 있다.

☐ 시간 여유가 있고 공간은 적당하게 넓으며 자유롭게 움직일 수 있다.

☐ 주위환경 때문에 피해를 입지 않는다.

- ☐ 집이나 직장환경이 마음에 든다.

- ☐ 직장분위기는 생산적이며 서로가 서로에게 자극을 준다(협력하는 분위기가 조성되어 있고 자원이나 도구가 풍부하며 스트레스는 없다).

- ☐ 자원 재활용에 적극적이다.

- ☐ 오존을 파괴하는 제품은 사용하지 않는다.

- ☐ 내 머리 스타일은 내 취향에 딱 맞다.

- ☐ 항상 기분이 좋아지는 음악을 듣는다.

- ☐ 다치거나 넘어지거나 물건에 부딪히지 않는다.

- ☐ 우리 집은 찾아온 사람이 편히 쉴 수 있는 분위기다.

- ☐ 충분한 수분을 섭취한다.

- ☐ 집안이나 창고에 불필요한 것이 없다.

- ☐ 약속시간에 늦는 일은 없다. 약간 일찍 가는 습관이 있다.

당신이 획득한 점수 :   점 (25점 만점)

- -

건강상태 테스트

맞는 것에 체크하시오.

- ☐ 카페인은 거의 섭취하지 않는다(초콜릿, 커피, 콜라, 홍차 등은 주 3회 미만).

- ☐ 설탕은 거의 사용하지 않는다(주 3회 미만).

- ☐ 술은 거의 마시지 않는다(주에 한잔 정도).

- ☐ 이와 잇몸이 건강하다(과거 6개월 이내에 치과에 갔다).

- ☐ 콜레스테롤 수치는 정상이다.

☐ 혈압은 정상이다.

☐ 과거 3년 이내에 정밀한 건강진단을 받았다.

☐ 담배는 피우지 않는다.

☐ 마약은 하지 않으며, 약을 남용하지 않는다.

☐ 과거 2년 이내에 안과 검진을 받았다(녹내장 검사, 시력 검사).

☐ 체중은 정상적인 수치다.

☐ 손톱은 건강하고 청결하다.

☐ 업무를 급하게 처리하지 않는다.

☐ 업무를 끝내지 못해도 개인적인 시간을 가진다.

☐ 날마다 가슴이 두근거릴 만큼 기대되는 일이 있다.

☐ 스스로 적절하지 못하다고 생각되는 습관은 전혀 없다.

☐ 스스로 자신의 문제를 파악하고 있고 그것을 해결하기 위해 노력하고
있다.

☐ 밤과 주말, 휴일에는 일을 쉬고, 한 해에 적어도 2주일은 휴가를 갖는다.

☐ 에이즈 검사를 받았다.

☐ 품질이 좋은 선글라스를 사용한다.

☐ 정신적으로나 육체적으로 건강하다.

☐ 매일 세 번씩 깨끗이 이를 닦는다.

☐ 일주일에 적어도 3회는 걷거나 운동을 한다.

☐ 청력은 양호하다.

당신이 획득한 점수 : _________________ 점 (25점 만점)

맞는 것에 체크하시오.

☐ 현재 수입의 최저 10퍼센트를 저축하고 있다.

☐ 각종 공과금은 반드시 납기일 안에 납부한다.

☐ 수입원이 안정되어 있다.

☐ 경제적 자립이 중요하다는 것을 잘 알고 있으며, 그것을 실현하기 위해 계획을 세워두었다.

☐ 빌린 돈은 반드시 갚는다.

☐ 돈을 빌린 개인 혹은 기업과 반드시 계약서를 쓰며 갚는 중이다.

☐ 은행구좌에 6개월분의 생활비를 저장해두었다.

☐ 주별로 예산을 세워 계획적으로 생활하기 때문에 무리 없이 저금할 수 있다.

☐ 소득신고는 정확하게 한다. 또 세금은 잘 납부한다.

☐ 분수에 맞는 생활을 한다.

☐ 보장이 많은 건강보험에 가입했다.

☐ 중요한 자산(자동차, 집, 재산, 보석)은 적합한 보험을 들었다.

☐ 내년도까지 재정계획을 세워두었다.

☐ 법률위반을 하지 않는다.

☐ 유언장을 작성했고, 정기적으로 갱신하며 내용도 명확하다.

☐ 생활기반이 흔들릴 만한 투자는 하지 않는다.

☐ 나 자신의 가치를 알고 있다.

☐ 내가 한 일에 대해 경제적으로 충분한 보답을 받으며, 심리적으로도 보람을 느낀다(혹은 곧 그렇게 될 예정이다).

□ 내가 일에 쏟는 노력에 걸맞는 적정한 급료를 받는다.

□ 전문적인 서비스를 제공하고 있기 때문에 고객은 기꺼이 나에게 비싼 요금을 낸다.

□ 업무에서 해결하지 못할 문제는 전혀 없다.

□ 나 자신의 일을 해결하는 데 힘이 되어줄 사람들과 좋은 인간관계를 맺고 있다.

□ 병가를 내는 경우는 거의 없다.

□ 매월 일정한 액수를 저축하며 경제적으로 자립하기 위해 노력하고 있다.

□ 내 수입은 항상 물가상승률보다 많이 늘어나고 있다.

당신이 획득한 점수 :   점 (25점 만점)

- -

인간관계 테스트

맞는 것에 체크하시오.

□ 과거 3개월 이내에 부모님을 찾아가 안부 인사를 했다.

□ 형제자매와 다정하게 지낸다.

□ 동료나 고객과의 관계가 양호하다.

□ 상사나 부하와의 관계가 양호하다.

□ 길(거리, 공항, 파티)에서 우연히 마주쳤을 때 피하고 싶은 사람은 없다.

□ 어떤 경우든 사람이 우선이고 일의 성과는 그 뒤에 생각한다.

□ 내게 손해가 될 인간관계는 손을 끊었다(손을 끊었다는 것은 관계를 마치다, 만나는 것을 그만두다, 계약을 종료시키다, 그룹에서 탈퇴하다 등을 말한다).

☐ 이제까지 내 쪽에서 상대에게 피해를 주었거나 상처를 입혔거나 화나
게 했던 경우 그들에게 사과했다.

☐ 남의 험담은 하지 않는다.

☐ 내 가족과 친구들은 내가 무언가를 주지 않더라도 나를 사랑하고 이
해해준다.

☐ 주위사람들에게 어떻게 하면 내가 기뻐하는지를 말해주었다.

☐ 편지나 전화에 답을 하지 않는 일은 한번도 없다.

☐ 어떤 경우든 거짓말은 하지 않는다.

☐ 주위사람들로부터 사랑을 받고 있으며 행복하다고 느낀다.

☐ 의식적이든 무의식적이든 과거에 내게 상처를 주거나 피해를 끼쳤던
사람들을 완전히 용서했다.

☐ 약속은 반드시 지키며 주위사람들은 나를 신뢰한다.

☐ 오해가 생기면 곧바로 바로잡도록 애쓴다.

☐ 남에게 휘둘리지 않으며, 내 소신대로 살고 있다.

☐ 헤어진 연인이나 배우자에 대해 나쁜 감정은 없다.

☐ 나 자신의 희망사항과 필요한 것을 알고 있으며 그것을 채우려고 노
력한다.

☐ 남을 평가하거나 비판하지 않는다.

☐ 남에게 원한을 갖고 있지 않다.

☐ 절친한 친구, 혹은 마음의 벗으로 꼽을 사람이 있다.

☐ 불평을 하기보다 내게 필요한 것을 요구한다.

☐ 나를 있는 그대로 받아주는 사람들과 사귄다.

당신이 획득한 점수 :　　　　　　　　점 (25점 만점)

18

매력적인 사람이 되라

18

매력적인 사람

인품이 훌륭한 사람, 또는 인격자라는 호칭은 한 인간에 대한 최고의 찬사다. 그런데 인품이란 대체 무엇일까? 훌륭한 인품은 어떻게 하면 가질 수 있을까? 인품이라는 말은 균형잡힌 인격이라든가 정직한 사람이라는 의미로도 사용된다. 물론 틀린 말은 아니지만, 인품은 그것에 한정된 말이 아니다.

나는 인품을 열 가지의 서로 다른 성질이 구성하는 것이라고 생각한다. 다음에 제시하는 자기분석 테스트는 자신의 인품을 알아보고 현재의 내 상황을 파악해 어떤 점을 향상시켜야 할지 알려줄 것이다.

각 부문마다 10문항의 체크리스트가 있고, 모두 합하면 100문항이 된다. 이 자기분석 테스트는 각자의 성격이나 사는 방법,

개성, 자기만의 삶의 방식 등에 주안점을 두었다. 훌륭한 인품을 길러주고 스스로 그것을 실감하는 데 많은 도움이 될 것이다.

먼저 각 문항마다 자신이 어느정도에 해당되는지 0, 1, 2, 3, 4 중에서 선택하여 동그라미를 친다.

채점기준

0 전혀 그렇지 않다.

1 이따금 그렇다(할 수 있을 때는 그렇게 한다).

2 자주 그렇다(가능한 한 그렇게 하려고 애쓴다).

3 거의 항상 그렇다(대부분 그렇게 한다).

4 항상 그렇다(항상 자연스럽게 그렇게 한다).

채점방법은 0은 0점, 1은 1점, 2는 2점, 3은 3점, 4는 4점이다. 각 부문별 점수를 합하여 마지막에 총계를 적는다. 만약 400점 이라는 점수가 나왔다면 그 사람은 분명 올림푸스 산(그리스 로마 신화에서 신들이 사는 곳)에서 잠시 지상에 놀러나온 신일 것이다. 보통 사람이라면 120점 정도밖에 나오지 않는다.

처음 체크한 점수가 형편없었다고 해서 실망하지 마라. 이 자기분석 테스트를 이용해 계속 자신에 대해 분석하다보면 얼마 후에는 놀랄 정도로 발전한 자신을 발견할 수 있을 것이다.

'맛'이 있는 인물이 되라

인덕이 있는 사람

스코트 피츠제럴드Scott Fitzgerald의 단편 중에 대단히 감동적인 이야기가 있다.

작가의 모습이 그대로 반영된 듯한 중년 남자가 주인공인데, 그는 젊은 시절을 파리에서 보내면서 술과 환락에 젖어 밑바닥 생활을 했었다. 어느덧 노신사가 된 그가 사춘기에 접어든 딸을 데리고 파리를 다시 방문한다는 이야기다. 그는 그때까지 현명하고 사랑스러운 딸을 한번도 자상하게 돌봐준 적이 없었다. 이제야 아버지의 역할을 하고 새로운 인생을 살기 위해 딸과 함께 떠난 여행이었다.

딸의 이름이 오너(Honor, 德)라는 점은 매우 시사적이다. 그는 뒤늦게 자신이 딸을 제대로 돌보지 않았다는 것을 후회했다. 딸에 대해 알아간다는 게 얼마나 감동적인지 뒤늦게 깨달은 한 인간의 깊은 슬픔이 절실하게 전해지는 작품이다. 이 작품이 문학상을 탔다고 해서 하는 이야기가 아니다.

인덕을 베풀면 인생에 큰 이익과 배당으로 돌아온다. 인덕이란 공정함, 신념, 용기, 성실함, 도의심, 충실함, 신뢰성, 책임감, 실천력, 근면함이 통합된 말이다. 올바른 삶의 방식(자기만 올바르면 된다는 삶의 방식이 아니다)이 어떤 것인지 확실히 알면 누구나 최고의 덕을 추구하며 살아갈 것이다.

자신은 멋진 인생을 손에 넣을 자격이 있다고 생각하면 망설이지 않고 당당하게 손을 뻗어 그것을 움켜쥘 수 있게 된다.

나는 인덕 있는 사람인가? 다음 10개의 문항을 읽고 대답해보자. 나에게 해당되는 것에 체크해보자.

나는 인덕이 있는가

0 1 2 3 4 나는 올바르고 공정한 일만 한다.

0 1 2 3 4 올바르다고 믿는 것이 최소한 열 가지 정도 되고 그에 대한 신념이 강하다.

0 1 2 3 4 나는 용기를 가지고 위험에 대처할 수 있다.

0 1 2 3 4 적어도 최근 1년 동안 거짓말을 하거나 업무상의 거래에서 상대에게 사기를 친 적이 없다.

0 1 2 3 4 나는 나만의 도덕률을 가지고 있고 그에 따라 생활하고 있다.

0 1 2 3 4 가족이나 친구, 소중한 사람들에게 나는 충실한 친구다.

0 1 2 3 4 나는 신뢰할 수 있는 인간이다. 약속한 일은 99퍼센트 지킨다.

0 1 2 3 4 일단 계약한 일은 책임지고 실행한다.

0 1 2 3 4 말한 것은 반드시 실행한다.

0 1 2 3 4 일단 뛰어든 일은 목적을 이룰 때까지 자신감을 갖고 끝까지 해낸다.

당신이 획득한 점수 :   점 (40점 만점)

건전한 사람

건전한 인간이란 정직하고 세심하며 시간을 효율적으로 사용해 균형잡힌 생활을 한다.

0 1 2 3 4   나는 업무상 부정을 저지르지 않는다.

0 1 2 3 4   정신적, 신체적으로 지극히 건강한 상태다.

0 1 2 3 4   자신의 행동을 항상 냉정하게 파악하고 뛰어난 판단력을 발휘한다.

0 1 2 3 4   수입의 10~30퍼센트를 저금한다.

0 1 2 3 4   허영을 부리지 않고 소박하게 생활한다.

0 1 2 3 4   깔끔한 성격이고 바른 생활을 한다.

0 1 2 3 4   작은 일도 중요하게 여기며 정리한다.

0 1 2 3 4   욕구를 충분히 채워서 불만을 가지지 않도록 한다.

0 1 2 3 4   시간을 정확하게 지킨다. 약속했을 때 100번 중 98번은 늦지 않을 자신이 있다.

0 1 2 3 4   한꺼번에 여러 일을 처리하지 않는다. 지나치게 무리를 하며 일할 필요가 없다는 것을 알고 있다.

당신이 획득한 점수 :   점 (40점 만점)

나만의 스타일을 가져라

자신의 스타일을 가지라고 해서 옷장에 최고급 옷으로 가득 채우라는 말은 아니다. '이것이 바로 나다!'라고 세상에 내보일 수 있는 나만의 스타일을 갖추는 것이다. 자신만의 스타일이 있는 사람은 개성 있는 상품을 선호하고 상대방을 신뢰하며 정열적이되 일관성 있게 행동한다.

나만의 스타일이 있는가?

0 1 2 3 4 　품질이 좋은 상품이 아니면 사지도 않고 남에게 팔지도 않는다.

0 1 2 3 4 　거래를 할 때는 상대를 신뢰한다.

0 1 2 3 4 　나 자신을 세련된 사람이라고 생각한다.

0 1 2 3 4 　항상 위생에 주의하고 몸을 청결하게 유지한다.

0 1 2 3 4 　캐주얼한 복장도 자연스럽게 소화할 수 있다.

0 1 2 3 4 　항상 웃고 예의바른 태도로 사람들을 대한다.

0 1 2 3 4 　시간과 장소에 맞게 행동하며 적절하게 처신한다.

0 1 2 3 4 　내가 믿는 것, 사랑하는 것에 정열을 쏟는다.

0 1 2 3 4 　내 기분대로 행동하여 사람들에게 혼란을 주지 않는다.

0 1 2 3 4 　의기소침하더라도 곧바로 활기를 되찾는다.

당신이 획득한 점수 : 　　　　점 (40점 만점)

배려의 마음을 가진 사람

사람은 누구나 주위사람들과 관계를 맺으며 살아간다. 그리고 실속 있고 오래 지속되는 인간관계는 배려하는 마음에서 시작된다. 주위사람들을 존중하고 힘이 되어주고 항상 나누려고 노력하라. 인내심과 관대한 마음을 가지고 친절하게 대하는 것이 참된 배려다.

나는 다른 사람을 배려해주는가?

0 1 2 3 4 　주위사람들을 있는 그대로 존중한다.

0 1 2 3 4 　항상 주위사람들에게 도움이 되려고 노력한다.

0 1 2 3 4 　주위사람들의 일에 신경을 써준다.

0 1 2 3 4 　주위사람들을 도와주고 이익을 존중해준다.

0 1 2 3 4 　한 사람 한 사람의 차이를 존중한다. 다양성을 통해 배우는 것이 많다고 생각한다.

0 1 2 3 4 　나는 욕심이 많거나 인색하지 않다. 항상 주위사람들과 나눠 가진다.

0 1 2 3 4 　주위사람들에게 상처를 입히지 않는다.

0 1 2 3 4 　필요하다면 얼마든지 기다려줄 수 있다.

0 1 2 3 4 　주위사람들에게 나눠줄 수 있어 기쁘다.

0 1 2 3 4 　주위사람들이 기분 나빠할 일은 하지 않는다.

당신이 획득한 점수 : 　　　　점 (40점 만점)

사람과 돈은 효율성이 높은 곳에 모여든다

매사를 효율적으로 실행하는 것은 중요한 능력이다. 효율성을 높이기 위해 예리한 통찰력을 갖추고 전문적인 기능을 연마하라. 한번 정한 일은 반드시 실현시키고 나와 다른 의견도 포용하라.

효율성을 추구하며 사는가?

0 1 2 3 4   어디에서 어떤 정보를 듣더라도 당황하지 않고 대처할 수 있다.

0 1 2 3 4   주위사람들의 가능성을 발견하고, 그들이 능력을 발휘할 수 있도록 힘을 빌려준다.

0 1 2 3 4   업무에서는 어떤 사람에게도 지지 않는다.

0 1 2 3 4   보통사람이 일주일에 하는 일을 하루에 해낸다.

0 1 2 3 4   자신의 힘으로 인생을 풍요롭게 꾸려간다.

0 1 2 3 4   내 길은 내가 개척한다. 남의 지시는 받지 않는다.

0 1 2 3 4   도움이 되는 일은 적극적으로 도입한다.

0 1 2 3 4   시간과 돈을 사람에게 투자하고, 새로운 사고방식과 설비와 기회를 위해 투자한다.

0 1 2 3 4   현실적으로 의미가 있는 일 외에는 하지 않는다.

0 1 2 3 4   한번 손댄 일은 끝까지 한다.

당신이 획득한 점수 :   점 (40점 만점)

자신을 아는 사람은 조화롭다

자신에 대해 제대로 알아야 인격이 발전할 수 있고 변화할 수 있다. 자신의 능력을 파악하고 있는 사람은 자신감이 넘치고 두려워하지 않고 내면의 조화를 이루어 항상 만족하며 살아간다. 남의 입장에 서서 생각할 줄 알고 자존심이 강하다.

나는 능력 있는 사람인가?

0 1 2 3 4   내면으로부터 용솟음치는 자신감을 느낀다.

0 1 2 3 4   나는 안전하다. 두려워할 일이라고는 거의 없다.

0 1 2 3 4   나 자신에 대해 그리고 내 인생에 대해 만족한다.

0 1 2 3 4   나는 조화로운 생활을 보내고 있다.

0 1 2 3 4   내게 필요한 것이 무엇인지 알고 있으며 항상 그것을 채우고 있다.

0 1 2 3 4   나는 자주적이다. 남이 하라거나 결과에 얽매여 행동하지 않는다.

0 1 2 3 4   어떤 일이 일어나든 내 힘으로 대처할 수 있다.

0 1 2 3 4   주위사람들이 잘못해도 곧바로 용서한다.

0 1 2 3 4   나는 성인이다. 어린애 같은 짓은 하지 않는다.

0 1 2 3 4   나는 교양과 높은 능력을 갖추고 있고 박식하다. 나의 장점을 잘 알며 충분히 활용한다.

당신이 획득한 점수 :   점 (40점 만점)

마음을 열면 항상 좋은 일이 생긴다

개방적인 사람은 도움이 되는 정보를 주변에서 자연스럽게 수집할 수 있다. 개방적인 사람은 포용력이 넓고 직관적이며 자발적이다. 대담하고 현재를 중시한다.

나는 개방적인 사람인가?

0 1 2 3 4   사물이나 사람을 있는 그대로 받아들인다.

0 1 2 3 4   나 자신의 직관을 소중히 여긴다.

0 1 2 3 4   항상 좀더 예민해지려고 노력한다.

0 1 2 3 4   주위사람들에게 도움이 되려는 마음을 갖고 있다.

0 1 2 3 4   극적으로 새로운 인간관계나 아이디어를 얻으려고 노력한다.

0 1 2 3 4   고차원적인 개념을 존중한다. 인간은 상호보완적인 관계에 있다는 것을 이해한다.

0 1 2 3 4   주위에서 일어나는 일을 이해하며 거기에 대응한다.

0 1 2 3 4   인생은 현재의 축적蓄積이다. 나는 어제도 내일도 아닌 지금 이 시간을 산다고 생각한다.

0 1 2 3 4   아이디어가 넘쳐나고 기회도 자연히 찾아온다.

0 1 2 3 4   나는 유연한 인간이며 빠르게 순응한다.

당신이 획득한 점수 :   점 (40점 만점)

솔직하고 재치 있는 사람

인품이 훌륭한 사람은 성취력이 강하다. 항상 모두에게 도움이 되는 상황을 만들고 큰 성과를 올린다. 앞을 내다보며 행동한다. 모두 함께 발전하도록 노력하며 적응력이 강하다.

나는 성취력이 강한가?

0 1 2 3 4	나와 함께 일하는 사람들은 나와 똑같은 이익을 거둔다.
0 1 2 3 4	꼭 필요하다고 판단될 때는 반드시 좋은 성과를 거둔다.
0 1 2 3 4	미래에 무엇이 필요할지 생각하며 앞서 나간다.
0 1 2 3 4	항상 남에게 이익을 준다.
0 1 2 3 4	내가 약속한 이상의 것을 제공한다.
0 1 2 3 4	나는 주위사람들과 서로 배우면서 함께 성장한다.
0 1 2 3 4	새로운 상황이나 사고방식, 기술에 재빠르게 순응하는 편이다.
0 1 2 3 4	항상 새로운 일을 시도하며 업무와 그 과정, 인간관계 등을 조금씩 개선해나간다.
0 1 2 3 4	항상 솔직하며 순수하게 말한다.
0 1 2 3 4	문제가 생기면 즉시 해결책을 강구해낸다.

당신이 획득한 점수 : _______________ 점 (40점 만점)

유행을 잘 아는 사람

한동안 유행하던 리듬 앤 블루스R&B 노래 중에 '힙hip이란 게 대체 뭐야?'라는 곡이 있었다. '힙'이란 원래 아프리카 원주민이 쓰던 말로 '눈을 뜨고 있다'라는 뜻이다. 유행을 아는 사람이란 바로 '힙'이 있는 사람이다. 또한 영리하며 유머가 있다.

나의 삶의 기술은 어떤 수준인가?

0 1 2 3 4   주위사람들을 사랑하며 사랑받는 것이 기쁘다.

0 1 2 3 4   기회를 최대한 이용하여 목적을 달성한다.

0 1 2 3 4   소중하게 여기는 것은 있지만, 그것 때문에 마음이 무겁거나 심각해지지는 않는다.

0 1 2 3 4   어떤 경우에든 웃을 수 있다.

0 1 2 3 4   시간을 투자해 다른 사람들과 좋은 관계를 맺으려고 노력한다.

0 1 2 3 4   다른 사람을 감동시키는 방법을 알고 있다.

0 1 2 3 4   내가 더 가진 것은 남에게 나눠준다.

0 1 2 3 4   지혜롭게 일을 처리한다.

0 1 2 3 4   과거로부터 미래로 이어지는 흐름 속에서 현재의 내 위치를 명확하게 파악하고 있다.

0 1 2 3 4   나는 유행을 잘 알고 있다. 남들도 인정한다.

당신이 획득한 점수 : ________________ 점 (40점 만점)

의사소통 능력이 뛰어난 사람

이것은 내게는 특히 중요한 '삶의 기술'이다. 어렸을 때 나는 내 의사를 말로 전달하는 게 거의 불가능했다. 그 때문에 고민도 많이 했다. 결국 이를 고치기 위해 언뜻 보기에는 비슷하게 보이지만, 사소한 일에서 드러나는 결정적인 차이를 정확하게 알아내려고 노력했다.

의사소통 능력은 내가 지금까지 배운 기술 중에서도 가장 중요한 것이다. 나는 항상 사람들에게 이렇게 조언한다.

"반드시 커뮤니케이션에 능숙한 사람이 될 수 있다고 믿으십시오."

원활한 의사소통을 위해서는 말투나 논리, 정확성에 주의하고 따뜻한 표정으로 상대를 격려해야 한다.

의사소통 능력이 뛰어난 편인가?	
0 1 2 3 4	명료한 말투로 친절하게 이야기할 수 있다.
0 1 2 3 4	상대방의 말을 잘 들어준다.
0 1 2 3 4	깊이 생각하지 않아도 적절한 말이 입에서 자연스럽게 나온다.
0 1 2 3 4	어려운 단어는 되도록 사용하지 않고 알기 쉽게 이야기한다.
0 1 2 3 4	나는 말을 할 때 감사의 마음을 담아 이야기한다. 그것은 본심에서 우러난 감사이다.
0 1 2 3 4	남의 성공을 진심으로 기뻐해준다.

0 1 2 3 4   상대방의 좋은 면만 바라본다. 남을 비판하거나 나무라

지 않는다.

0 1 2 3 4   나는 격려의 말을 아끼지 않는다.

0 1 2 3 4   내가 느낀 호의를 말로 표현할 줄 안다.

0 1 2 3 4   남에게 어떤 뜻을 전달할 때 우호적인 감정이 드러난다.

당신이 획득한 점수 : _______________ 점 (40점 만점)

총 계 : _______________ 점

진실은 항상 정직하게 전달하라

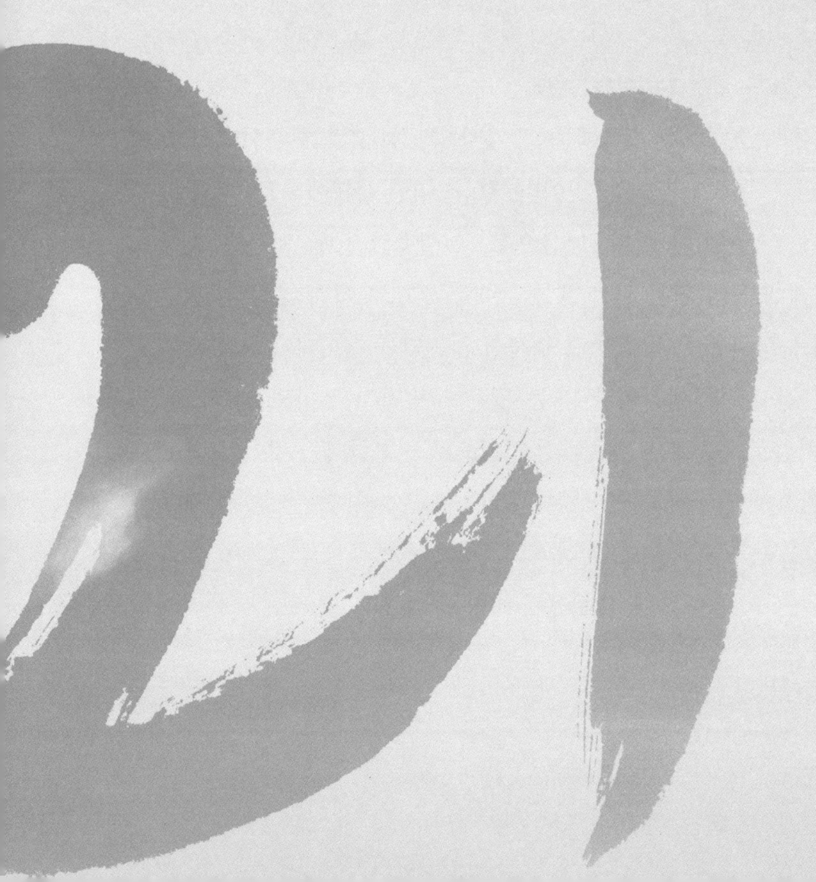

19

'무조건 건설적인 인간'이 되라

자연스럽게, 저절로 변화한다고?

여기에서 소개하는 법칙에는 세 가지 중요한 요소가 포함되어 있다. 먼저 '무조건'이라는 것이다. 항상, 어떤 상황에서든, 예외 없이, 무조건이어야 한다. 다음으로 '건설적인'인데, 이것은 항상 남에게 도움이 되는 말과 행동 외에는 절대로 하지 않는다, 결코 남에게 상처를 주거나 두렵게 하지 않는다는 것이다. 그리고 '무조건 건설적인 인간이 된다'는 것은 노력하지 않아도 자연스럽게, 저절로, '무조건 건설적'인 인간으로 변화한다는 것이다.

'우리의 인생이 어떤 것이 되느냐는 우리가 젊은이를 이해해주고 노인을 도와주고 고통받는 사람에게는 공감을 표해주며 약자에게나 강자에게나 관대하게 대할 줄 아느냐 모르느냐에 달려

있다. 왜냐하면 긴 인생을 살아가는 동안 우리 자신도 그런 입장을 모두 경험하는 날이 오기 때문이다.'

한 발 앞서 움직여라

정직하게 말하는 습관이 최우선이다

이 법칙에 관해 한가지 혼동하지 말아야 할 것이 있다. '정직하게 말하는' 것이 '무조건 건설적인 인간이 된다'는 것보다 우선이라는 것이다. 무언가 말해야 할 것이 있는데 앞에서 말한 '무조건 건설적인 인간'이 되는 데 방해가 된다면 망설일 것 없이 정직하게 말하는 쪽을 택해야 한다. 그럴 경우 '무조건 건설적'일 것에 대해서는 일체 생각하지 마라. 말을 빙빙 돌리거나 얼렁뚱땅 넘어가려고 하는 것은 금물이다. 할 말은 망설이지 말고 솔직하게 말하라.

그러다 보면 진실을 전달하면서 동시에 '무조건 건설적일 수 있는 대화법'을 차츰 익힐 수 있다. 그러기 위해서는 미리 연습을 해두어야 한다. 지금 당장은 실패하더라도 일단 정직하게 말하도록 노력하자.

마린 엘리오트는 플로리다의 사라소타에 사는 코치다. 지금부터 소개하는 이야기는 그녀가 겪은 특별한 경험이다.

얼마 전에 마린은 집 근처의 큰 우체국에 볼일이 있어 찾아갔다. 가는 날이 장날이었던지 우체국은 순서를 기다리는 사람들이 문밖에까지 길게 줄을 서 있을 정도로 붐볐다. 그녀는 우편업무에 대해 물어보고 싶은 게 있어서 지나가던 우체국 직원을 불렀다. 셔츠에 넥타이를 맨 그 남자 직원은 몹시 건방진 태도로 그녀에게 줄을 똑바로 서라고 큰소리만 지르고 질문에는 대답해주지 않았다. 시큰둥한 직원의 말을 가로막으며 마린은 단호하게 말했다.

"그렇게 소리를 지르지 않아도 잘 들려요."

"나는 원래 말투가 그래요! 공손한 말투가 좋다면 다른 사람을 부르시죠!"

"소리를 좀 낮춰주기만 하면 되잖아요?"

"내가 작은 소리로 얘기를 하면 무시하는 것처럼 들린대요!"

"지금도 무시하는 것처럼 들려요. 그렇게 계속 소리를 지르면 우체국장을 부르겠어요."

"마음대로 하시죠!"

"조용히 말하는 게 어렵나요?"

"조용히 말할 생각이 없어요!"

"알았어요. 우체국장을 불러주세요."

"우체국장님은 못 만날 걸요!"

그 사람은 알지 못했지만, 그녀를 만난 순간 그의 인생은 완전히 변했다. 감독자가 다가왔다.

"이 사람에 대한 불만 신청을 제출하겠어요."

마린이 말했다. 곁에 있던 아주머니가 거들어주었다.

“나도 봤는데, 이 직원이 정말 실례되는 말을 했고 손님은 무시하는 태도였어요.”

마린은 그 아주머니의 이름을 메모해두었다. 감독자에게 우체국장의 전화번호를 알아내서 집에 돌아오자마자 당장 우체국장에게 전화를 걸었다. 조용한 말투로 불만신고를 하고 싶다는 것과 증인이 있다는 것, 자신이 이런 신청을 하는 건 상황이 개선되기를 바라기 때문이라는 것을 정확하게 전달했다.

“이 남자직원을 꼭 징계해줄 것을 부탁드립니다. 그리고 일반적인 징계로는 안된다고 생각합니다. 이 사람을 훈련프로그램에 참가시켜 서비스가 얼마나 소중한지 공부할 수 있게 해주시기 바랍니다. 괜찮으시다면 제가 훈련프로그램을 알려드릴 테니 메모해두시지요.”

우체국장은 큰 관심을 보였고, 그녀를 사무실로 초대하여 부국장과 함께 훈련프로그램에 대한 그녀의 의견을 들었다. 그리고 정년이 얼마 남지 않아 보이는 우체국장은 이렇게 말했다.

“오랫동안 우체국에 근무했지만, 직원의 교육에 도움이 될 이런 건설적인 의견을 들은 것은 처음입니다.”

결과는 어떻게 되었을까? 마린은 앞서 말한 남자직원을 4개월 동안 코치해달라는 부탁을 받았다(이 부탁은 정중히 거절했다). 그리고 우체국 ‘고객서비스위원회’의 고문이 되어달라는 부탁도 받았다(이 부탁은 현재 검토중이다).

이것은 마린이 단호하게, 그리고 상황을 개선하겠다는 적극적인 의도를 갖고 일체의 가식 없이 진실을 전달했기 때문에 가능했다.

남의 약점을 건드리지 마라

이를테면 악수에 대해 조언하려고 한다. 어떻게 할까.

"자네는 악수하기 싫은 사람처럼 마지못해 하는군."

"손에 어째 힘이 없어."

이런 식의 조언은 좋지 않다. '무조건 건설적인 대화법'을 적용해 이렇게 말해보자.

"악수할 때는 상대방의 손을 힘있게 잡는 게 좋다는군."

"다른 사람이랑 악수를 할 때, 자네는 기분이 어떤가?"

"나는 악수할 때 힘있게 잡는 게 좋던데, 자네는 어때?"

곧, 상대방을 최대한 배려해주면서 원론적인 악수법에 대해 주의를 집중하게 하는 것이다. 이런 조언을 들은 사람은 앞으로 악수를 잘할 수 있는 방법을 알게 된다. 지금보다 더 잘할 수 있다는 자각을 가지게 되는 것이다. 대부분의 경우, 그러한 자각을 통해 인간은 발전해나간다.

과거와 비교하지 마라

누군가를 칭찬할 때 이전과 비교하는 것은 바람직하지 않다. 이를테면 "이전에 만났을 때보다 훨씬 행복해 보이는군!" "많이 날씬해졌구나!" "너무 오랜만이다. 자주 연락하지 그랬어?"라는 식이다.

'무조건 건설적인 대화법'이라면 "굉장히 건강해 보이는군, 자네!" "너하고 이렇게 또 만나게 되다니 정말 좋다."라는 식이다. 이전과 비교하여 지금이 훨씬 좋다고 말하는 것은 상대방에게 예전의 안 좋은 기억을 떠올리게 한다.

자신이 얼마나 성장했는지는 누가 말해주지 않아도 본인이 가장 잘 알고 있다. 상대에게 호의를 전하고 싶다면 현재의 상태를 칭찬하면 된다. 과거와 비교하는 것은 마치 '지금의 자네는 원래의 자네가 아니군. 무슨 바람이 불었나?'라고 말하는 것이나 마찬가지다.

대화상대에게 용기를 주어라

진실을 전달할 때도 상대방이 상처받지 않도록 용기를 주자.

"자네도 알아두는 게 좋을 것 같아서 하는 말인데, 자네에게는 이러저러한 나쁜 점이 있어."

"그 말 더듬는 버릇 좀 고칠 수 없나? 내가 좋은 언어치료사를 소개해주지."

"괜한 참견이겠지만 말야……."

이와 같은 말은 절대금물이다. '무조건 건설적인 대화법'으로 바꿔보자.

"자네 마음은 내가 잘 알아. 이것은 누구라도 상당한 각오가 필요한 일이지. 그러나 자네는 지금까지 상당한 훈련을 해왔고 의지가 강하니까 분명히 좋은 성과를 거둘 거라고 믿네."

"놀랬지? 그 언어치료사가 자네 마음에 들지 어떨지 모르겠군."

괜히 상대방이 미워질 경우, 원점으로 돌아가서 생각하라

만일 상대방에 대해 조금이라도 미운 마음이 있으면 '무조건 건설적'일 수도 솔직한 의견을 말하는 것도 불가능하다. 그런 경우에는 먼저 왜 미워하는 마음이 생긴 것인지 철저하게 따져보자.

그런 단계를 거친 뒤에 자신의 생각을 고칠 것인지, 아니면 미워하지 않는 사람들을 골라 만나야 할지 정하면 된다.

상대방의 성공을 단순히 인정하는 것에서 더 나아가 진심으로 기뻐해주어야 한다. 그 사람의 성공을 진심으로 원하고 기뻐하는 마음 없이 입에 발린 말만 한다면 그것은 인사치레에 불과하다. 생색내는 말에 매력을 느끼는 사람은 아무도 없다.

생색내거나 참견하지 마라

자신이 터득한 지혜나 귀동냥으로 얻어들은 지식을 주위사람들에게 전해주고 싶어 안달인 사람들이 있다. 부탁하지도 않았는데 일부러 알려주는 것이다. 이런 식의 선의는 별로 환영받지 못한다. 친구나 가족, 고객에게 조언을 해주고 싶어 안달하는 성격인가? 그러나 그것은 단순히 자기 힘으로 뭔가를 변화시키고 남보다 뛰어난 사람이 되고 싶은 욕심을 채우려는 것에 지나지 않는다. 물론 그것 자체는 나쁜 일이 아니다.

그러나 자신의 욕구를 채우기 위해 남의 프라이버시를 침범해서는 안된다. 남이 차근차근 인생의 과정을 밟아나가며 성장하는 것을 진심으로 함께 기뻐해주기도 힘들지만, 자신의 현재 상황을 받아들이고 만족하는 것은 더욱 어려운 일이다.

가끔 나 자신을 되돌아보라. 나는 다른 사람을 위해 마음의 문을 열어두었는가, 아니면 그 사람을 문밖으로 무리하게 밀어내려고 하는가? 그쪽에서 원하지도 않고 부탁한 적도 없는데 자꾸 등을 떠밀어봤자 그 사람 입장에서는 부담스럽기만 할 뿐이다. 동정을 받았다고 생각하거나 혹은 현재의 자신을 부정당했다는 느낌을 받는 사람도 있을 것이다. 편협한 시선으로 바라보고 '아직 멀었다'고 생각하는 것은 아닌가? 혹시 스승이나 부모, 인생의 선배 역할을 자청해 가르치는 것을 은근히 즐기는 것은 아닌가? 이런 행동은 전혀 상대방을 위한 것이 아니다. 자신의 욕구를 채우는 욕심 많은 행동일 뿐이다.

상대의 특기가 아니라 개성을 칭찬하라

특기와 개성에는 큰 차이점이 있다. 특기란 뭔가 남다르게 뛰어난 기술을 말한다. 그러나 개성이란 그 사람만의 특성으로, 능력이나 소질, 재능 같은 것과는 다르다.

'무조건 건설적'이기 위해서는 상대의 개성에 주목해야 한다. 한 사람에게 자신은 본질적으로 멋진 존재라는 확신을 줄 수 있기 때문이다. 여기에 비해 특기나 소질, 능력이나 재능 등을 칭찬하는 것은 상대방에게 그런 장점을 최대한 발휘하고 나아가 앞으로도 더욱 열심히 노력하라는 의미로 받아들여진다. 칭찬하고 싶은 마음에서 한 말이라도 칭찬을 받은 쪽에서는 비꼬는 것처럼 들리는 경우가 많다.

"내가 자네를 좋아하는 이유는 자네가 내게 이러저러한 도움을 주기 때문이야."

이 말은 '다음에는 이러저러한 일까지 해줄 거지?'라고 기대하는 말처럼 들린다. 다른 사례도 있다.

"자네는 정말 얘기를 잘 들어주는 사람이야."

"김 대리, 자네는 정말 일을 엄청나게 해치우는 사람이군. 대단해!"

"어떻게 그렇게 잘 참지요? 애들이 시끄럽게 떠들어대는데도 요구를 다 받아주고, 정말 인내심이 대단하세요. 결혼하면 아이들에게 좋은 엄마가 되겠어요."

이해가 되는가? 위의 세 가지 예는 모두 일반적인 칭찬의 말이다. 그러나 모두 상대의 업무태도나 능력을 평가하는 말이기 때문에 상대에게는 부담스러울 수도 있다. 남에게 책임감을 불러일으키는 말은 전혀 매력이 없다. 이런 칭찬은 남의 개성을 이끌어내는 것과는 그 성격이 다르다. '무조건 건설적인 대화법'으로 바꿔보자.

"나처럼 잔소리가 심한 사람을 인내심 있게 대해줘서 정말 고마워."

"김 대리, 자네는 뭔가 특별한 열정을 갖춘 사람이야. 정말 멋있어!"

"어떤 사람에게나, 심지어 아이들에게까지 순수한 마음으로 대할 줄 아는 분이시네요."

미묘한 차이를 깨달을 수 있을 것이다. 아주 작은 차이지만, '무조건 건설적인 대화법'이 훨씬 큰 성과를 낳는다.

남을 봐주겠다는 생각은 하지 마라

실수로라도 남을 봐주겠다는 생각을 하는 것은 금물이다. 상대에게 벅차다고 여겨지는 일, 혹은 상대방도 자신이 해내기 힘들다고 생각하는 일이라도 서슴없이 부탁하고 성과를 기대해보자. 절대로 그 사람을 대신해 일을 처리하지 마라.

그 사람이 할 수 있다고 굳게 믿어주자. 내 생각과는 달리 상대는 어려운 과제를 나보다 더 잘해낼 것이다. 물론 기대만 해서도 안된다. 특히 그 과제가 상대방에게 익숙하지 않은 분야일 때는 실패하더라도 배울 수 있는 여지를 주자. 실패는 위대한 선생님이다. 그러나 실패가 허용되어야 비로소 인간은 다시 한번 일어나 그것으로부터 배우려고 한다.

이렇게 '무조건 건설적인 대화법'을 하나하나 배워나가는 과정에서 여러분은 스스로에게 중대한 변화가 일어나고 있다는 것을 깨달을 수 있을 것이다. 거기에는 몇가지 이유가 있다.

첫째, 상당한 노력과 의지가 없다면 상대방을 충분히 배려하며 이야기하기 어렵다. 이런 형태의 의사소통에 성공하기 위해서는 성숙한 인간이 되어야 한다. 스스로는 제법 건설적인 인간이라고 생각했더라도 위와 같은 커뮤니케이션 능력을 기르기 위해서는 상당한 변화가 필요하다. 스스로 매우 건설적인 인간이라고 자부했던 사람도 '무조건 건설적인 대화법'을 실천하는 동안 앞으로 더 건설적인 사람이 되어야겠다는 자각을 하게 될 것이다.

둘째, 지금까지보다 주위사람들의 좋은 면을 훨씬 더 많이 발견하게 될 것이다. 주위사람들에게는 물론 자기자신에 대해서도 공감과 존경심을 가지고 대하게 된다.

나 자신이 향상되면 더욱 의식이 맑아지며 그 효과는 업무에서나 실생활에서 뚜렷하게 나타난다.

20

열정을 낭비하지 마라

노력한 만큼 결과가 나오는
일에만 에너지를 써라

오늘부터 생활을 단순화하자. 단 한가지라도 좋다. 계획이나 목표, 역할, 고민거리, 혹은 여간해서는 실현될 것 같지 않은 꿈을 버리면 우리는 진심으로 추구하는 것에 좀더 빨리 다가갈 수 있다. 이 말을 믿느냐 믿지 않느냐는 여러분 개개인의 마음이겠지만 말이다.

이때 중요한 것은 스포츠 코치들이 자주 강조하는 '요령 터득' 전법이다. 곧 내가 가진 것 중 최고의 기량과 능력을 가장 적절한 때 가장 효과적인 곳에 집중적으로 쏟아붓는 것이다. 어떤 경기에나 시합의 흐름이 바뀌는 순간이 있는 것처럼 인생에도 전환기가 있다. 생활을 단순화하면 그 시기를 빨리 알아채고 온 신경을 변화에 집중할 수 있다. 단번에 승리를 향해 돌진하는 것이다.

승리를 거머쥐었을 때 느꼈던 특별한 심리상태나 쾌감을 우리 마음속에 새겨두자. 우리의 목적은 단지 승리하는 것이 아니라 승리를 **습관**으로 만드는 것이다.

뛰어난 기획, 출세할 기회, 줄줄이 쇄도하는 고객 등을 손에 넣고 싶은 마음은 굴뚝같지만 아무래도 실현되지 않는다면 이제 포기하라. 추구하기를 중지하는 것이다. 패배를 인정하라는 게 아니다. 좀더 전망이 있는 쪽으로 방향을 바꾸자는 것이다. 기왕이면 노력한 만큼 결과가 나오는 곳에 에너지를 쏟는 게 효과적이지 않겠는가. 꿈을 갖는다는 것은 멋진 일이다. 나를 둘러싼 중요한 일부분이기도 하다. 그러나 꿈은 처음부터 꿈에 불과한 경우도 있고, 다른 소원이 모습을 바꾸어 꿈으로 표출된 경우도 있다.

내 친구 중에 기타리스트가 있다. 그는 붙임성 있는 성격이라서 연주가 끝날 때마다 손님들이 스스럼없이 다가와 함께 이야기판을 벌리곤 한다. 그 중에는 그의 기타 솜씨를 부러워하며 자기도 기타를 배우고 싶다고 말하는 손님들이 있다. 어디에서 어떻게 레슨을 받으면 좋겠느냐는 질문이 이어지고, 더러는 정말 기타를 사서 연습을 시작하는 사람들도 있다.

그러나 계속하는 사람은 극히 드물다. 그 사람들의 의지가 약하거나 게을러서 실패하는 게 아니다. 꿈을 잘못 설정했기 때문이다. 수백 시간 동안 연습해야만 그들이 원하는 성과, 곧 기타라는 예술매체를 통해 자신의 감정을 표현하는 일을 실현할 수 있기 때문이다. 어떤 이들은 무언가 다른 꿈을 갖고 있었는데, 우연히 기타를 한번 배워볼까라고 생각했을 수도 있다. 곧, 그들의 꿈은 사실 다른 것이고 그것을 실현하기 위해서는 꼭 기타가 아니어도 좋은 것이다. 그밖에도 꿈을 실현할 수단은 여러가지가 있다.

감각이 예민해지면 우리는 스스로를 몰아세우고 있는 것이 과연 무엇인지 좀더 확실하게 파악할 수 있다. 꿈의 밑바탕에 자리잡고 있는 감정이 그 형식보다 훨씬 중요하고 영속적이다.

자, 그렇다면 생각해보자. 나는 정말 그 사람과 친해질 필요가 있는 것일까? 정말 그 단골 고객들을 놓치는 것 외에 다른 길은 없는가? 지금 안고 있는 이 고민거리를 완전히 해결하면 정말 나다운 모습을 되살릴 수 있는가?

이런 꿈들은 포기하는 것이 현명하다. 일부러 초조함과 분노를 내 안에 불러들일 필요는 없다. 앞서도 말했지만, 노력이란 그리 매력적인 일이 아니다. 그저 내 감각이 원하는 것만 생각하자. 때가 되면 반드시 해결책이 저절로 내게 다가온다.

지금 당장 내 생활을 최대한 단순하게 바꾸면 새로운 것을 도입할 여유가 생긴다. 빈 공간을 충분히 만들어놓지 않으면 우리는 쏟아지는 정보의 홍수 속에 익사하고 말 것이다.

잡무를 단숨에 정복하는 방법

간단한 일은 잡무처리 전문가에게 맡겨라

정확한 통계수치가 있는 것은 아니지만, 우리는 여유시간의 상당부분을 쇼핑과 이동, 잡무정리에 소비하며 살고 있다.

당신은 보통 일주일에 몇시간이나 잡무를 정리하는 데 보내는가? 시간은 귀중한 것이다. 되도록 효율적인 시간사용법을 연구해보라. 효율성 면에서 보면 따분한 잡무에 시간을 낭비한다는 것은 너무도 아까운 일이다. 잡일을 정리하는 게 나쁘다는 것은 아니지만 좀더 충실한 시간사용법을 아는 사람은 그런 일에 시간을 낭비하지 않는다.

그러면 어떻게 하면 좋을까? 이를테면 쇼핑을 좋아하는 친구에게 아르바이트로 쇼핑을 대신 해달라고 부탁하거나 쇼핑 도우미를 쓰고, 통신판매를 이용하는 것도 좋은 방법이다. 혹은 쇼핑은 직접 하더라도 상품은 배달시키고 가장 중요한 것만 직접 사는 방법도 있다. 약간의 비용을 지불하는 것만으로 해결방법을 얼마든지 찾아낼 수 있다.

유능한 비서 서비스를 활용하라

내가 비서 서비스를 이용하는 이유는 몇가지가 있다.

첫째, 자잘한 잡무는 자꾸 뒤로 밀리게 마련이라 눈 깜짝할 사이에 산더미처럼 쌓이기 때문이다. 둘째, 선뜻 일에 착수하지 못하는 성격이라 내 힘으로 하려면 결국 경비가 비싸게 들기 때문이다. 셋째, 세일즈맨의 방문을 거절하거나, 고객과의 상담시간과 장소 정하기, 낯선 사람에게 무언가 부탁하는 일에 내가 별로 소질이 없기 때문이다. 다행히 내가 고용한 비서는 이런 일을 완벽하게 처리해준다.

그리고 또 한가지 좋은 점이 있다. 내 비서는 나의 '인생 쓰레기 처리기'이다. 곤란한 일, 문제가 될 만한 일, 내가 직접 대처하면 더 꼬이기 쉬운 일들이 생겼을 때 비서에게 이메일을 보내기만 하면 그날 안으로 '분해처리'해주는 것이다. 내 머릿속에는 쓸데없는 업무라고는 하나도 쌓이지 않는다. 내게는 귀찮은 일이지만 내 비서에게는 식은 죽 먹기인데다 수입까지 생기는 일인 것이다.

일을 벌리지 마라

대부분의 현대인은 믿을 수 없을 정도로 번거롭고 바쁘게 생활한다. 직업, 부업, 자기계발, 고도의 교육, 여행, 취미, 오락 등 해야 할 일이나 선택의 폭이 옛날보다 훨씬 넓어졌기 때문이다.

새로운 취미를 갖고 싶거나, 야간강좌에 다니며 배우고 싶어졌다면 그것은 뭔가 다른 것, 마음 깊은 곳에 있는 욕구가 그런 형태로 나타나는 경우다. 아마도 자신의 삶에 허무함을 느끼고 대신 충족감을 얻으려는 심리일 것이다. 그러나 굳이 새로운 일을 처음부터 다시 시작하지 않아도 이전부터 해왔던 활동 중에도 충족감을 주는 일이 있을 것이다.

마음에 들지 않는 옷은 전부 처분하라

별일이 아니라고 생각하는 사람도 있겠지만, 옷이란 대단히 상징적인 의미가 있다. 실천해보면 스스로도 깜짝 놀랄 정도로 마음이 가벼워질 것이다. 또 옷을 정리하면 그밖의 부분도 연쇄적으로 간단해지는 경우가 많다. 장롱이나 수납장, 다락방 등을 정리할 때는 뛰어난 정원사의 사고방식으로 임하자. 마음을 굳게 먹고 과감하게 베어내는 것이다.

나의 에너지를 소모시키는 사람들은 멀리하라

얼마 전에 한 코치로부터 이전의 고객이 다시 연락을 해왔다는 보고를 받았다. 이 고객은 어떤 책을 공저로 출판했던 작가로, 그 책은 출판된 후 수주일 동안 베스트셀러가 되었었다. 현재 그녀는 다음 책의 집필을 위해 준비중이고, 다시 코치를 받을 생각이라고 했다.

그녀가 최초의 책을 집필할 수 있었던 것은 두 가지 문제를 해결했기 때문이었다. 모두 단순화에 관련된 문제들이었다. 가장 크게 문제가 되었던 것은 '수다스러운' 친구들이었다. 그녀는 그때까지 친구들과 수다 떠는 데 너무 많은 시간을 빼앗겼다는 사실을 깨달았다. 그녀는 유머감각이 대단히 뛰어났기 때문에 항상 친구들이 끊이지 않았던 것이다. 그러나 그녀는 유머감각을 수다친구들이 아니라 책에 집중해야 했다.

그녀는 수다친구들과의 관계를 정리하지 않으면 자신에게 가장 소중한 일인 책의 집필에 영원히 집중할 수 없다는 것을 비로소 인정하고, 인간관계를 최대한 단순화했다.

두번째로 그녀와 코치는 함께 힘을 합쳐 출납관리작업에 시간을 들이지 않아도 되는 방안을 강구했다. 그러자 그녀는 좀더 집필에 전념하며 시행착오를 거듭할 시간적인 여유도 생겼다. 에너지를 소모시키는 장애물을 제거한 덕분에 멋진 작품을 창조할 시간이 생긴 것이다.

인간관계를 단순화하라. 나의 경우에는, 수많은 친구와 안면이 있는 사람들을 숨가쁘게 만나고 다니던 것을 중지하고, 내게 특별히 소중한 사람을 열 명으로 좁혀 그들과의 관계만 소중히 하기로 결심하고 나서부터 만사가 훨씬 순조롭게 풀려나갔다.

가장 먼저 관계를 정리한 것은 아무리 좋은 사람이라도 '내게 필요한 것 이상으로 나를 필요로 하는 사람들'이었다. 이런 사람들을 구분해내기가 매우 힘든 경우도 있었다. 왜냐하면 그런 사람들은 여러가지 의미에서 내게 대단히 특별한 존재로 자리잡고 있었기 때문이다. 그러나 함께 시간을 보낸 뒤에 피로감을 느낀다면, 그리고 그것을 해결할 방법이 없다면 이제 그들과는 손을 끊어야 한다.

나 자신의 매력이 커지면 뛰어난 사람들, 나의 에너지를 빼앗지 않는 사람들이 주변에 모여든다. 그리고 만남을 계속할수록 서로 기쁨과 충족감을 얻을 수 있는 인간관계가 형성되는 것이다.

시간을 절약하려면 인터넷을 활용하라

요즘은 덩치 큰 자동차에서 식료품, 사무용품, 문구류, 컴퓨터, 전자기기, 전문적인 서비스까지 전화나 인터넷 쇼핑으로 모두 살 수 있는 시대다. 게다가 배달도 빠르다.

그런 서비스들을 적절히 활용하면 쇼핑센터에서 쓸데없는 시간을 보낼 일도, 수천 평이나 되는 슈퍼마켓 주차장에서 어디에 차를 두었는지 몰라 당황할 일도 없다.

약간만 넉넉하게 배달요금(요즘은 경쟁이 심해서 굉장히 싸다)을 지불하면 그런 스트레스로부터 완전히 해방되는 것이다.

나의 분야에서 선수가 되라

업무의 고수가 되어라

기업단위로 경쟁력을 추구하던 시대는 끝났다! 이제는 프로패셔널로 성공하려면 기본적으로 개인경쟁력을 갖춰야 한다. 기본이라는 것은 개인경쟁력이 출발점일 뿐 목적지가 아니라는 뜻이다.

'이만하면 됐다'라는 정도의 능력으로는 경쟁에 나설 수도 없다. 기본을 갖춘 사람이 너무도 많기 때문이다. '긍정의 습관'을 배우고 실천하려고 마음먹은 독자라면 현재보다 훨씬 높은 곳을 바라보자. 현재 하고 있는 일은 자신의 생업이 아닌가. 성공을 손에 넣는 가장 빠른 길은 결국 누구도 나를 대신할 수 없도록 자신의 분야에서 고수가 되는 것이다.

단골 고객에게서 돈버는 방법을 배워라

어려운 얘기 같지만 실제로 해보면 그리 어려운 일이 아니다. 아인슈타인이나 에디슨 같은 천재가 되라는 게 아니다. 자유로운 정신, 타고난 직관력과 창의력, 그리고 우리가 가진 천부적인 재능을 충분히 활용하기만 하면 된다.

가장 간단한 방법은 고객에게 좀더 가까이 다가가는 것이다. 고객이 원하는 것을 알면 알수록 기막힌 아이디어가 자꾸 떠오른다. 어떤 것을 좋아하고 싫어하는가? 어떤 제품이나 서비스를 원하는가? 그런 식으로 고객의 취향이나 희망사항을 귀담아 들으면 끊임없는 자극을 받게 된다. 고객은 기업의 연구개발부다.

항상 이런 질문을 머릿속에 넣어두자.

'고객들이 학수고대하며 기다리는데 아직도 세상에 나오지 않은 상품(혹은 서비스)은 무엇인가?'

고객에게 이익을 주어라

이를테면 제아무리 유능한 변호사나 코치, 자동차 세일즈맨이라도 고객이 해당 서비스나 제품을 능숙하게 사용할 수 있도록 해주지 않았다면 제대로 일을 했다고 할 수 없다. 전문가나 제조업체, 세일즈맨들은 저마다 고객을 대상으로 한 제품설명회에 힘을 기울인다고 입을 모아 광고하지만, 실제로는 소홀히 하는 경우가 많다. 금년도의 매상이 지난해에 비해 대폭 떨어지기라도 해야 정신을 바짝 차린다.

만일 우리가 제공하는 서비스나 제품을 통해 고객이 큰 이익을 얻기를 진심으로 바란다면 좀더 손쉽게 이용할 수 있는 방법을 다양하게 고안해내려고 애쓸 것이다. 이런 노력을 통해 고객의 신뢰가 높아지고 나아가 매출도 오르게 된다.

항상 이런 질문을 해보자.

'고객에게 도움이 되고 싶은 진심을 어떻게 표현할 것인가?'

남을 가르치는 일은 큰 자극이 된다

존 바츠의 소설 『주정뱅이 장사꾼*The Sot-Weed Factor*』 중에서 가장 마음에 들었던 것은 등장인물 중의 한 사람이 이렇게 말하는 장면이다.

"자기가 아직 잘 알지 못하는 것을 다른 사람에게 가르치는 것처럼 어려운 일은 없어. 왜냐하면 어떤 멍청이라도 자기가 알고 있는 것은 가르쳐줄 수 있으니까!"

자신의 업무에 대해 혼자서 전부 다 알려고 무리하지 마라. 그것은 불필요한 고생이다. 좀더 손쉽고 재빠르게 익힐 수 있는 방법이 있다. 새로 들어온 후배들에게 자신이 그동안 알게 된 지식을 가르쳐주면 된다. 어느정도 배우고 나면 이번에는 후배가 여러가지 질문을 던질 것이다. 그것이 자극이 되어 더욱 많이 알게 되고 발전할 수 있다. 우수한 제자들을 모아라. 그러면 진짜 고수가 될 수 있다.

항상 이런 생각을 명심하라.

'주위사람들과 질문을 주고받으며 서로에게 자극이 되고

있는가?'

업무의 일부분을 무료로 제공해주어라

이것은 상품을 제공하는 시장 자체를 현재보다 크게 넓히는 계기가 된다. 만일 우리가 하고 있는 일, 알고 있는 것, 혹은 가진 것의 극히 일부분을 수만 명에 이르는 사람들에게 무료로 제공한다면 무슨 일이 일어날까? 어떻게 해야 그것이 가능할까? 어떤 사람들에게 제공하면 좋을까?

찾아보면 자신의 일이나 지식을 신중하게 보호하면서도 아무런 손실 없이 일반에게 무료로 제공할 수 있는 것들이 많다. 이런 노력은 앞으로 막대한 이익이 되어 돌아온다.

코치대학도 언제나 그런 사고방식으로 운영해왔다. 결과는 어떻게 나왔는가? 최근 2주일 동안 수강에 관련된 질문 건수가 창립 직후 2년 동안 들어온 질문보다 더 많았다. 지식을 무상으로 나눠줄 때, 동시에 길도 제공해주는 셈이다. 사람들은 이 길을 통해 우리에게 다가오고 우리가 하는 일을 관찰하며, 머지않아 새로운 고객이 된다. 그렇게 찾아오는 고객들은 이미 우리가 제공한 것에 대해 충분히 검토를 마친 사람들로 최상의 고객이 된다.

최소한 한가지는 전문가가 되라

이것이야말로 나 자신과 내가 일하는 업계, 그리고 내 일에 대한 신용도를 높이는 최선의 방법이다. 우리가 제공하는 상품이나 서비스에 조금이라도 잘못된 점은 없는가? 더 개선해야 할 점은 무엇인가? 이런 진지한 질문을 통해 끊임없이 개선해나가면 업무

능력이 전체적으로 뚜렷한 향상 곡선을 그리며 발전할 것이다.

누군가 한 사람이 개선하면 업계 전체의 수준이 올라간다. 그 수준에 미치지 못한 기업은 따라잡지 못할 경우 낙오된다. 소비자는 품질이 좋은 제품을 환영하고, 능력이 높은 사람은 대우를 받는다. 우리도 능력 있는 사람의 대열에 서자. 낙오자가 될 수는 없다. 물론 전직을 생각하고 있다면 이야기는 달라질 수 있다.

항상 스스로에게 질문하자.

'한 단계 수준을 높여 동료들보다 앞서 나갈 수 있는 향상의 여지가 있는 곳은 어디인가?'

재치있게 덤을 주는 센스

현대의 소비자들은 어떤 상품을 살 때 그 상품 이외에 다른 제품이나 서비스를 덤으로 얻고 싶어한다. 또 이전 수준보다 조금이라도 나아진 기능을 원한다. 곧, 어떤 제품이나 서비스가 연결되어 있다. 이를테면 자동차나 자전거, 악기, 스테레오, 카메라 같은 상품이 나오면 반드시 그에 따른 다양한 부품과 비품도 함께 나온다. 그것은 최초의 상품을 좀더 쓰기 편하게 해주는 역할을 하거나, 단순히 외관을 멋있게 장식해주는 경우도 있다.

이런 하드웨어와 소프트웨어는 서로 깊은 관련을 갖고 이익을 배로 향상시킨다. 헐리우드에서 좋은 영화를 만들면 관객이 증가하고 영화관이 늘어나고 고용의 기회가 늘어나는 식이다. 소프트웨어 회사가 매력적인 어플리케이션Application을 만들어내면 그것이 요구하는 '마력馬力'을 제공하기 위해 컴퓨터 회사는 속도가 훨씬 빠르고 성능도 좋은 컴퓨터를 만든다. 그 반대인 경우도 있다.

　항상 이런 질문을 해보자.

　'요즘 유행하는 제품이나 서비스 중에 우리 제품과 조합할 수 있는 것은 없을까?'

업계의 고수와 친해져라

어떤 분야에나 족집게라고 불리는 사람, 곧 미래를 훤히 내다보는 눈을 가진 사람이 있다. 자신의 능력을 키우는 가장 빠른 길은 이런 인물과 연줄을 만들어두는 것이다.

　나는 비즈니스 잡지는 빼놓지 않고 읽고, 트레이닝과 개발, 인터넷 등 업계별로 '족집게'들이 발행하는 이메일 뉴스도 반드시 점검한다. 이런 미디어를 통해 몇몇 족집게들과 친분관계를 맺기도 했다. 무언가 궁금한 것이 있으면 그들에게 묻는다. 그때마다 나 혼자 일했다면 결코 생각도 못했을 대답이 돌아오곤 한다.

긍정의 습관

초판 1쇄 인쇄 2008년 8월 4일
초판 1쇄 발행 2008년 8월 8일

지은이   토마스 레오나드
옮긴이   이홍재
펴낸이   최석두
펴낸곳   평단문화사

주소   서울시 서교동 480-9 에이스빌딩 3층
전화   325-8144
팩스   325-8143
전자우편 pyongdan@hanmail.net
출판등록 1988년 7월 6일 (제1-765호)

ISBN 978-89-7343-284-4 03320